中国旅游院校五星联盟教材编写出版项目

中国骨干旅游高职院校教材编写出版项目

# 休闲学概论

## （第二版）

主编　李晓东　　副主编　陈春阳

中国旅游出版社

# 出 版 说 明

　　把中国旅游业建设成国民经济的战略性支柱产业和人民群众更加满意的现代服务业，实现由世界旅游大国向世界旅游强国的跨越，是中国旅游界的光荣使命和艰巨任务。要达成这一宏伟目标，关键靠人才。人才的培养，关键看教育。教育质量的高低，关键在师资与教材。

　　经过 20 多年的发展，我国高等旅游职业教育已逐步形成了比较成熟的基础课程教学体系、专业模块课程体系以及学生行业实习制度，形成了紧密跟踪旅游行业动态发展和培养满足饭店、旅行社、旅游景区、旅游交通、会展、购物、娱乐等行业需求的人才的开放式办学理念，逐渐摸索出了一套有中国特色的应用型旅游人才培养模式。在肯定成绩的同时，旅游教育界也清醒地认识到，目前的旅游高等职业教育教材建设和出版还存在着严重的不足，体现在教材反映出的专业教学理念滞后，学科体系不健全，内容更新慢，理论与旅游业实际发展部分脱节等，阻碍了旅游高等职业教育的健康发展。因此，必须对教材体系和教学内容进行改革，以适应飞速发展的中国旅游业对人才的需求。

　　上海旅游高等专科学校、浙江旅游职业学院、桂林旅游高等专科学校、南京旅游职业学院、山东旅游职业学院、郑州旅游职业学院等中国最早从事旅游职业教育的骨干旅游高职院校，在学科课程设置、专业教材开发、实训实习教学、旅游产学研一体化研究、旅游专业人才标准化体系建设等方面走在全国前列，成为全国旅游教育的排头兵、旅游教学科研改革的试验田、旅游职业教育创新发展的先行者。他们不仅是全国旅游职业教育的旗帜，也是国家旅游局非常关注的旅游教育人才培养示范单位，培养出众多高素质的应用型、复合型、技能型的旅游专业人才，为旅游业发展做出了贡献。中国旅游出版社作为旅游教材与教辅、旅游学术与理论研究、旅游资讯等行业图书的专业出版机构，充分认识到高质量的应用型、复合型、技能型人才对现阶段我国旅游行业发展的重要意义，认识到推广中国骨干旅游高等职业院校的基础课程、专业课程、实习制度对行业人才培养的重要性，由此发起并组织了中国旅游院校五星联盟教材编写出版项目暨中国骨干旅游高职院校教材编写出版项目，将六校的基础课程和专业课程的教材成系统精选出版。该项目得到了"五星联盟"院校的积极响应，得到了国家旅游局人事司、教育部高职高专旅游专业教学指导委员会、中国旅游协会旅游教育分会的大力支持。经过各方两年多的精心准备与辛勤编写，在国家"十二五"开局之年，这套教材终于推出面世了。

中国旅游院校五星联盟教材编写出版项目暨中国骨干旅游高职院校教材编写出版项目所含教材分为六个专业模块："**旅游管理专业模块**"（《旅游概论》《旅游经济学基础》《中国旅游地理》《中国旅游客源国与目的地国概况》《旅游市场营销实务》《旅游服务业应用心理学》《旅游电子商务》《旅游职业英语》《旅游职业道德》《旅游策划实务》《休闲学概论》《旅游商品概论》《旅游交际礼仪与实训》）；"**酒店服务与管理专业模块**"（《酒店概论》《酒店前厅部服务与管理》《酒店客房部服务与管理》《酒店餐饮部服务与管理》《酒店财务管理》《酒店英语》《酒店市场营销》《调酒与酒吧管理》）；"**旅行社服务与管理专业模块**"（《旅行社经营管理》《旅游政策与法规》《导游业务》《导游文化基础知识》《旅行社门市业务》《旅行社业务操作技能实训》《出境旅游领队实务》）；"**景区服务与管理专业模块**"（《景区规划原理与实务》《景区服务与管理》《旅游资源的调查与评价》）；"**会展服务与管理专业模块**"（《会展概论》《会展策划与管理》《会展设计与布置》《实用会展英语》）；"**烹饪工艺与营养专业模块**"（《厨政管理》《烹饪营养与食品安全》《面点工艺学》《西餐工艺与实训》）。本套教材实行模块主编审稿制，每一个专业模块均聘请了一至三位该学科领域的资深专家作为特邀主编，负责对本模块内每一位主编提交的编写大纲及书稿进行审阅，以确保本套教材的科学性、体系性和专业性。"五星联盟"的资深专家及六校相关课程的骨干教师参与了本套教材的编写工作。他们融合多年的教学经验和行业实践的体会，吸收了最新的教学与科研成果，选择了最适合旅游职业教育教学的方式进行编写，从而使本套教材具有了鲜明的特点。

1. 定位于旅游高等职业教育教材的"精品"风格，着眼于应用型、复合型、技能型人才的培养，强调互动式教学，强调旅游职业氛围以及与行业动态发展的零距离接触。

2. 强调三个维度能力的综合，即专业能力（掌握知识、掌握技能）、方法能力（学会学习、学会工作）、社会能力（学会共处、学会做人）。

3. 注重应用性，强调行动理念。职业院校学生的直观形象思维强于抽象逻辑思维，更擅长感性认识和行动把握。因此，本套教材根据各门课程的特点，突出对行业中的实际问题和热点问题的分析研讨，并以案例、资料表述和图表的形式予以展现，同时将学生应该掌握的知识点（理论）融入具体的案例阐释中，使学生能较好地将理论和职业要求、实际操作融合在一起。

4. 与相关的行业资格考试、职业考核相对应。目前，国家对于饭店、导游从业人员的资格考试制度已日渐完善，而会展、旅游规划等的从业资格考核也在很多旅游发达地区逐渐展开。有鉴于此，本教材在编写过程中尽可能参照最新的各项考试大纲，把考点融入教材当中，让学生通过实践操作而不是理论的死记硬背来掌握知识，帮助他们顺利通过相关的考试。

中国旅游院校五星联盟教材编写出版项目暨中国骨干旅游高职院校教材编写出版项目是一个持续的出版工程，是以中国骨干旅游高职院校和中国旅游出版社为平台的可持续发展事业。我们对参与这一出版工程的所有特邀专家、学者及每一位主编、参编者和旅游企业界人士为本套教材编写贡献出的教育教学和行业从业的才华、智慧、经验以及辛勤劳动表示崇高的敬意和衷心的感谢。我们期望这套精品教材能在中国旅游高等职业教育教学中发挥它应有的作用，做出它应有的贡献，这也是众多参与此项编写出版工作的同人的共同希望。同时，我们更期盼旅游高等职业教育界和旅游行业的专家、学者、教师、企业界人士和学生在使用本套教材时，能对其中的不足之处提出宝贵意见和建议，我们将认真对待并吸纳合理意见和建议，不断对这套教材进行修改和完善，使之能够始终保持行业领先水平。这将是我们不懈的追求。

中国旅游出版社
2013 年 11 月

# 再版前言

近年来，国内外休闲学出现了不少新的研究成果，我国的高职高专教育也更加突出技能型、职业性的特点。基于以上情况，第二版在进一步加强原书特点及优点的同时，更加突出实用性和应用性，注重内容创新。并结合第一版教材已发现的问题，做出了以下修订，以进一步提高本书质量。

第一，更新了部分章节的内容及案例，更具代表性和时代性，以提高学生分析和解决问题的能力。

第二，完善了课后练习，突出了案例分析，更加符合高职高专的特点。

第三，为了方便老师教学，配套了相应的课件。

第四，编写了试卷及标准答案，方便老师在教学中进一步强化学生对重点知识的掌握。

第二版由郑州旅游职业学院的任课老师承担修订任务。具体分工如下：李晓东教师编写及修订了第一、二、三、四、九章，陈春阳老师编写及修订了第五、六、七、八章。

由于编者水平有限且时间仓促，书中难免存在一些疏漏和错误，恳请广大读者批评指正。

编者

2021 年 3 月

# 前　言

21 世纪，休闲产业将取代信息产业成为推动全球经济增长的最大动力，而消费的休闲化和休闲的市场化是一个重要的时代特征。而这将是中国休闲产业快速发展的有利环境。目前，我国休闲业已经进入发展的快速起步阶段。"十一五"期间，我国的休闲理念、休闲生活、休闲业态快速发育，以旅游、文化、体育等为基础的休闲业加速崛起，休闲农业、休闲工业、休闲房地产业等延伸产业迅速发展，休闲工业、休闲信息业、休闲中介业等支撑产业明显起步。当前我国已具备休闲业大发展的基本条件。

休闲活动的大量兴起呼唤休闲理论的指导。本书是在广泛收集，系统整理、归纳学术界关于休闲学研究成果的基础上完成的。本书以认识和了解休闲为起点，详细介绍了表征休闲的核心范畴概念，通过中外休闲史的发展比较，分析我国目前休闲业的发展现状及未来发展前景。为加快我国休闲产业的发展，本书在论述相关理论的同时，注重理论联系实际，详细阐述休闲文化的内涵与外延、娱乐的休闲本质，探讨休闲消费的基本理论、文化价值、经济功能与行为模式，剖析休闲与旅游的关系、休闲的市场营销，分析城市休闲与旅游的规划和管理，介绍休闲产品的开发、休闲的组织机构，最后以休闲与未来为终点，展望休闲业发展趋势。

本书内容系统完整，理论与实践紧密结合，充分吸收了当前休闲学术界的最新成果，因而具有广泛的实用性。本书针对高职高专旅游院校学生的特点，采用全新的编写体制。除了阐述基本知识的正文之外，还有丰富的拓展材料和引申文献。以"相关链接"的形式呈现，可充分发挥教师的个性和创造性，因而在教学方式上富有弹性；每章正文前后分别设置有助于把握该章核心内容的"案例"模块，紧扣章节主题，不仅增加了本书的趣味性和可读性，而且可以开阔读者视野，同时对提升个人休闲体验也具有积极意义；每一章节中设有多处"课堂思考"，引发学生主动构建知识，深入理解章节内容，也可引导学生根据兴趣深入研究；章末有理论性和实践性兼备的"复习与思考"模块，帮助学生检验学习效果，拓展知识运用能力。

本书由郑州旅游职业学院的多名任课教师编写而成。其主要分工为：第一、二章编写者为李红蕾；第三、四章编写者为许冬梅；第五、六章编写者为杜鑫；第七章编写者为李红蕾、许冬梅、贾晓雪；第八、九章编写者为贾晓雪。

本书在编写过程中参考和引用了不少学者和行业人士的文献和成果，有些未能一一注明，在此谨表感谢。由于时间仓促和旅游业发展迅速，书中难免存在疏漏和不足，恳请各位读者批评指正。

编者

2014 年 7 月

# 目录
## CONTENTS

# 休闲及休闲发展史

## 第一章

休闲是人的生命的一种状态，是一种"成为人"的过程，是一个人完成个人与社会发展任务的主要存在空间；休闲不仅是寻找快乐，而且是在寻找生命的意义。

本章主要介绍了休闲的相关概念，我国古代的休闲思想与休闲生活，从古代到近代西方休闲发展简史。本章的重点是掌握休闲的相关概念，了解中外休闲的发展史。

## 学习目标　　　　　　　　　　　　　　　　　　　>>

### 知识目标

1 了解休闲及相关概念。

2 了解中国休闲发展史。

3 了解外国休闲发展史。

### 能力目标

1 掌握休闲时代发生特点。

2 分析中外休闲发展异同。

**案 例**

休闲时代来临

美国《时代》杂志（1999年第12期）载文预言：2015年，发达国家将进入"休闲时代"，发展中国家将紧随其后。美国华盛顿地区公共策略预测部主席莫利特说，休闲、娱乐活动及旅游业将成为下一个经济大潮，并席卷世界各地。专门提供休闲服务的第三产业在2015年左右将会主导劳务市场，在美国国内生产总值中占有一半的份额。2015年，新技术和其他发展趋势可以让人们把生命中50%的时间用于休闲；到2030年，旅游将成为全世界80%以上人们的生活必需，而休闲旅游则具有更加广阔的市场。

——资料来源：作者收集整理.

 案 例 分 析

1. 休闲时代离我国还有多远？

2. 面对休闲旅游，我们应做好哪些准备？

# 第一节　休闲及相关概念

## 一、休闲

休闲就是工作之余恢复体力的休息、消遣、娱乐和游戏，是对紧张工作的调剂。休闲的含义是多重的，可以从时间、活动存在方式或心态等不同语境来加以阐释。休闲应具备以下几个特征：

（1）休闲应具备可自由支配时间。与正常工作时间相对的可自由支配时间，并非都是用来休闲的。人们可能占用自由时间来处理个人事务，甚至兼职。

（2）休闲表现为放松的良好心理状态。休闲时人们处于不需要考虑生存问题的心无羁绊的状态。在这种状态下，人们淡定从容、自由自在，可以获得极大的愉悦和满足，生命也因此绽放出喜悦的光彩。

（3）休闲是个人自由意志的产物，在经济和健康条件允许的情况下自发参与的活动，是一种主动的选择，乐于全身心从事。

（4）休闲是一种活动，这种活动包含的范围很广，可以是室内的，也可以是室外的；可以是剧烈的，也可以是轻松的；可以是集体的，也可以是个人的；形式可以是多样的，通过自由地选择自己喜爱的活动来得到享受的体验。

## 二、闲暇

个体的总时间可以分为三个部分：一是工作时间；二是受教育时间，这部分时间主要用来形成人力资本；三是闲暇时间（Leisure Time）。闲暇时间又可以分为三部分：一是睡觉、吃饭等维持基本生存的必要型闲暇时间（Indispensable Time），这部分闲暇时间对经济几乎没有影响，对个体而言基本上是个常量，因此不在本书讨论的范围内；二是从事旅游、文化交流等享受活动的休闲时间；三是从事家庭性生产的家庭生产时间。

闲暇无非是空闲时间，一个人有了闲暇时间才可以休闲。《社会百科词典》对其的释义是："人们生活中除工作时间、工作往返时间、家务劳动时间、抚育子女时间、满足生理需要时间以外，剩余的可供个人自由支配的时间，即自由时间、空闲时间。"此外，《休闲宪章》（于1970年6月欧洲娱乐委员会上通过）也有相似定义，表明闲暇时间是个人可以自由支配的时间，此时人们的时间已满足了工作和基本生活需求。

闲暇时间即空闲时间，而休闲是人们在闲暇时间里所做的事情，这种自由活动反映人的自我实现与发展。有闲暇时间，并不意味着人能真正休闲。闲暇时间与自由时间相关，但两者不能等同。人有闲暇时间但不一定是自由时间，因为自由时间指向人的自由全面发展。

**案例**

### 马惠娣提出的休闲概念

马惠娣指出，闲暇是指"非劳动时间"，是人们在履行社会职责及各种生活时间支出后，由个人自由支配的时间。

如今，我国公民所拥有的闲暇时间越来越多，1995年我国开始实行每周五天工作制；1999年起又实施"三个长假日"。整体上我国公众普遍享有的国家法定假日全年为114天。其中一些群体的闲暇时间拥有量更多，比如学生的寒暑假，全年为140~160天。国家公务员以及外资企业管理人员享有"带薪休假"制度，每年约10天，全年约124天。就业结构多元化、工作形式多样化、生活需求多模式化使得"弹性时间工作制"成为更多年轻人的选择。家庭现代化设施的不断完善，使人们用于家务劳动的时间日趋减少。的确，我们正在走向有闲社会。

——资料来源：于光远，马惠娣．关于"闲暇"与"休闲"两个概念的对话录［J］．
自然辩证法研究，2006（9）．

## 三、游憩

游憩包含的范围极其广泛。人们在闲暇时间内为恢复体力和精力而进行的一切活动均可称为游憩。游憩是指人们在闲暇时间内所进行的包括室内和室外、近距离和远距离的各种活动。人们在居住地附近所从事的不超过 24 小时的日常休闲、娱乐活动可称为游憩现象。游憩，英文为"recreation"，原意是"to refresh"，含有"休养"和"娱乐"两层意思。业界对游憩的研究历史并不久远，是在近年来随着人们闲暇时间的增多、近程出游的兴起才日渐深入。

加拿大学者斯蒂芬 L. J. 史密斯在其《游憩地理学》中这样论述："游憩是一个难以定义的概念。在实际应用中，游憩常常意味着一组特别的可观察的土地利用，或者是一套开列的活动节目单。游憩还包括被称为旅游、娱乐、运动、游戏以及某种程度上的文化等现象。"保继刚在其所著的《旅游地理学》中提出：游憩一般是指人们在闲暇时间所进行的各种活动；游憩可以恢复人的体力和精力，它包含的范围极其广泛，从在家看电视到外出度假都属于游憩。俞晟在其所著的《城市旅游与城市游憩学》中认为：游憩是在离开居所一定范围内进行的，能够带给行为实施者生理和心理上的愉悦，有助于恢复其体力和精力的合法行为。

## 四、旅游

旅游与游憩是包含与被包含的关系，旅游只是人们所从事的游憩活动的一部分。现在，人们往往把空闲时间所进行的活动称为旅游活动。有学者认为，游憩是有旅之游和无旅之游的总和，以及由这些活动所带来的一切现象和关系。参加游憩活动的人称为游憩者（或游人），即游憩者既包括外地人——旅游者，也包括本地人。游憩者不能简称为游客，因为"客"主要指外地人，同旅游活动一样，游憩活动可以在闲暇时间内进行，也可以在非闲暇时间内进行。

## 五、休闲旅游

休闲旅游已经成为很多城市重要的经济增长点，很多旅游城市都争相发展休闲旅游。休闲与旅游两个词经常被放在一起使用，然而很多人并不清楚两者的异同。目前，国内对于休闲与旅游的关系主要有两种观点：一种观点认为，休闲与旅游是包含与被包含的关系，休闲包括旅游，旅游属于休闲的一部分；另一种观点则认为，休闲与旅游是两种不同而又有交集的活动形式。旅游学者刘德谦认为，休闲主要是从时间的范畴来认识的，而旅游考虑的则是地理范畴的位移，两者是不同的。很多在短暂的闲暇时间内、家庭所在地附近进行的活动，是不属于旅游的，但是属于休闲，具体讲就是本地休闲；异地休闲则属于旅游，也就是闲暇类旅游；非闲暇类旅游，如公务旅游、会议旅游，则不属于休闲活动。

课 堂 思 考

休闲与旅游密切相关，它们有哪些相同点和不同点？

# 第二节　休闲发展史

## 一、中国休闲发展史

"休"在《康熙字典》和《辞海》中被解释为"吉庆、欢乐、美善、福禄"的意思，强调人倚木而休，表明人与自然的关系，也是中国人敬畏自然的一种态度。"闲"，通常引申为道德、法度，也有限制、约束之意。"闲"通"娴"，具有娴静、思想的纯洁与安宁的意思。因而，对"闲"的理解就不能仅仅停留在余暇、消遣的时间概念上。

从词义的组合上，不难看出休闲所特有的文化内涵，表达了人类生存过程中劳作与休憩的辩证关系，又喻示着物质生命活动之外的精神生命活动。人倚木而休，使精神的休整和身体的颐养得以充分进行。

《诗经》有云："朝吟风雅颂，暮唱赋比兴，秋看鱼虫乐，春观草木情。"休闲在古人生活中占有核心的位置。孔子既重视就近游憩的休闲活动，推崇"业精于勤而荒于嬉"的注重道德价值的休闲态度，也提倡云游四方、增知益智的旅游休闲观。他认为旅行是师从众人、积极入世的良好途径。孔子六艺学说，礼、乐、射、御、书、数，反映了当时主流文化认可的休闲活动形式。

老子主张，人要活得自然，心性尤其要悠然散淡。在他的《道德经》第二十五章中说："人法地，地法天，天法道，道法自然。"这是老子哲学的核心思想——遵循自然法则，自然而然为之。因此，中国人推崇"君子之行，静以修身，俭以养德，非淡泊无以明志，非宁静无以致远"，赞誉"体静心闲"。古人云：流水之声可以养耳，青禾绿草可以养目，观书绎理可以养心；弹琴学字可以养脑，逍遥杖履可以养足，静坐调息可以养筋骸。陶渊明的诗句"采菊东篱下，悠然见南山"，非常有代表性地表达了中国人休闲的境界与智慧——自我心境与天地自然的交流与融合——体悟到了精神世界与客观世界的和谐统一。

老庄哲学更充分体现了对闲适和精神自由的追求，这也正是道家哲学最大的现实意义所在。《庄子》是体现道家休闲思想的经典之作，对后人产生了极大的影响。《诗经》之后，我国休闲文化主要受到老庄哲学的影响，在不同的历史时期表现为各具特色的四个方面：六朝的隐逸文化，唐宋兼收并蓄的休闲文化，明清描写丰富多彩休闲活动的小品文，以及近代人文主义的闲适文化。

明末清初戏曲理论家李渔是自唐宋以来有意识地从理论层面探讨并论述休闲活动的第一个文人，其代表作《闲情偶寄》是当时最负盛名的畅销书。

五四运动后，我国产生了一批提倡闲适生活小品文的作家。其中，林语堂是第一位从哲学角度看待和讨论休闲的文人。

中国传统文化讲求修身养性，儒家讲究"吾日三省吾身""君子慎其独也"，强调"积习既久，脱然自有贯通处"。中国人认为，休闲"是一种宽怀心理的产物……这种心情是由一种达观的意识产生。享受悠闲的生活是不需要金钱的，有钱的人也不一定能真正领略悠闲生活的乐趣。只有那些轻视钱财的人才真正懂得此中的乐趣。他必须是有丰富的心灵，爱好简朴的生活，对于生财之道不放在心头"。

台湾成功大学唐亦男教授认为，其实中国古人最懂休闲，不但把休闲当作生活，更提高为最高人生境界，像陶潜的《归去来兮辞》《归园田居》及历代隐逸之士的山林文学、自然主义都是最懂"偷得浮生半日闲"的模式，只是多属个人的生活体验，而不像西方人将其上升到理论层面。

---

**相关链接** 🔍搜索

### 休闲活动的内容和形式将发生深刻的变化

20世纪的科技将人类从繁重的体力劳动中解放出来，使人有了充裕的休闲时间。休闲时间的增加，会促使休闲产业得以进一步发展。休闲产业的发展不仅会推动经济的迅猛发展，而且会使社会福利大幅提高。不言而喻，休闲是一个国家生产力水平高低的重要标志，是衡量人民生活质量和社会文明程度的重要标尺，是人类的物质文明与精神文明的结晶，是人类的一种崭新的生活方式，从中获取的知识和信息已经成为掌握世界权力的最新基础。网络革命改变了人们交流信息的途径、所获取的信息量、工作地点以及购物行为、休闲生活。在网络以及其他传媒飞速发展的今天，上网以及通过其他方式获取知识和信息已经成为一种重要的休闲方式。学习作为休闲的一种方式，能够逐步根植于人们的休闲经历之中，许多人将利用休闲活动学习专门技能，如青少年夏令营活动可能会与英语学习相结合。随着新经济的发展，知识和网络产品的日益丰富，休闲活动的内容和形式将发生深刻的变化。知识和网络产品的创造、生产、传播和消费正成为人们休闲生活的重要内容，在社会发展中的作用日趋重要。

——资料来源：陈来成．休闲学［M］．广州：中山大学出版社，2009．

## 二、国外休闲发展史

国外休闲经济发展的历史伴随着休闲活动的不同发展时期而有所差别，不同时代休闲活动体现出很大的差异。

在原始社会，劳动与休闲之间的界限模糊，很多娱乐活动都是伴随劳动而进行的。这一时期休闲只是单纯的娱乐活动。古希腊、古罗马时期形成了独特的休闲观，古希腊的休闲活动更注重精神层面的享受，而古罗马的休闲活动则以感官体验与享受为主。考古学家已经发掘了大量古罗马时期的体育场馆、桑拿浴所、温泉疗养、剧场等遗址，如公共浴池等场所被要求提供一系列服务，休闲经济初显端倪。

中世纪的休闲活动最初是以宗教休闲和商人为主体，文艺复兴对平民阶层的休闲产生了一定促进作用，除了继续发展温泉疗养等休闲活动外，开始出现别墅度假、欧洲大旅游等休闲形式，推动了休闲经济规制的形成。

发展到工业革命后，社会阶层划分为拥有财富和时间的资产阶级和为了生存而长时间工作的无产阶级。由于工人阶级的斗争，争取了更多的休闲时间和更高的工作收入，从而使大众休闲成为可能，同时，海滨度假地得到开发利用，并出现了专门的休闲城镇。这一时期是休闲经济的形成与发展阶段。

在加拿大和美国，率先产生了保护休闲景观的思想及实践，政府通过立法等行为进一步促进了休闲经济的发展，同时休闲教育也逐渐成熟。各种主题旅游、现代娱乐业、康体健身产业、文化产业等的形成，使西方国家的休闲经济发展逐步进入成熟阶段。现代社会经济、科学技术的迅猛发展，给人们带来了前所未有的压力，休闲不再是简单的概念和社会现象，而成为人们生活的一部分，由此带来的休闲消费比重十分可观。

课 堂 思 考

亚里士多德是最著名的古希腊哲学家之一，也是对休闲给予最多赞美的人，他曾在《尼各马可伦理学》和《政治学》等名著中，阐述了什么是快乐、幸福、休闲、美德和安宁的生活。他认为"休闲才是一切事物环绕的中心"，并把休闲看成是哲学、艺术和科学诞生的基本条件之一。请思考为什么亚里士多德把休闲看成是哲学、艺术和科学诞生的基本条件之一。

## 三、中外休闲比较

### （一）休闲文化的哲学基础不同

西方休闲文化根植于其理性主义与人本主义的传统思想，这种思想与古希腊先哲们的哲学思想是一脉相承的理性主义，强调理解思辨，主张主体要注重理性自身的逻辑性、严密性和完整性，且要有比较系统的哲理性；人本主义以倡导人的潜在能力和创造能力为主题，注重人本身的价值和意义，关注个体自身需求的满足，倡导在休闲中实现自我完善。所以，西方休闲文化呈现出动态的特征。中国休闲文化以儒、释、道为哲学基础。儒家主张修身养性，向内实现心灵的宁静与外界的平衡，如孔子精神修养的过程是"十有五而志于学，三十而立，四十而不惑，五十而知天命，六十而耳顺，七十而从心所欲不逾矩"。道家更强调以静制动，人要把握道，也要用心斋、坐忘等守静的办法，才能达到天地与我并生，而万物与我为一的绝对自由的境界。中国对外来佛学的改造使之中国化，也是将自身的静与佛学中的静打通。从此，中国文化中除了儒、道互补外又多了佛的心灵安抚，形成以儒治世、以道养身、以佛修心的生活模式，所以，中国休闲文化呈现出静态的特征。

### （二）休闲的状态不同

在中西方传统休闲文化中，中国人的传统休闲活动以静态为主，而西方人的传统休闲活动以动态为主。西方人信奉伏尔泰的"生命在于运动"的名言，而中国的许多理学和道学大师都主张"生命在于静止"。西方人的动是动中求静，于健身中兼求娱心；中国人的静是静中求动，于怡情养性中兼求养生。从静中观物动，向闲处看人忙，才得超尘脱俗的趣味；遇忙处会偷闲，处闹中能取静，便是安身立命，中国人的休闲真谛就在于静。由于中西方休闲文化的动静性质之差异，导致二者休闲活动速度之殊途。西方社会的动态性，使其休闲活动倾向于急速和激烈；而中国社会的静态性，使其休闲活动趋于舒缓和柔美。

### （三）休闲的形式不同

西方的传统休闲文化重视集体活动，而中国的传统休闲文化则注重个人活动。西方除拳击、击剑、摔跤等个人争雄的项目外，更多的是结队成伙的比赛，足球、篮球、排球、橄榄球、曲棍球等均是集体项目。中国的传统休闲活动大多是个人项目，如琴、棋、书、画、太极拳、气功等。中国传统社会为个人留下的位置和空间十分有限，使人们只有在消闲中方争得一份自在与逍遥。因此，中国人消闲时，着意去寻求孤独，让自己的身心尽量去接近天籁而远离人籁，于孤独中求一清静孤独的休闲心态。作为一种文化传统传承，至今这是以集体休闲为主的西方人所难以感受到的。

## （四）休闲的功能不同

中西方传统休闲文化在休闲活动的功能上也有一定的区别：中国传统的休闲文化重在向内发掘心灵世界，西方传统的休闲文化重在向外张扬人的个性；中国传统休闲文化的功能重在调适性情，追求心灵慰藉，而西方传统休闲文化的功能则重在舒张筋骨，追求感官刺激；中国人面对着明月清辉、和煦微风常感到飘飘然的快意，而西方人却以为要取得飘飘然的快意只有去高空跳伞，去滑翔，去蹦极，通过挑战生命的极限与大自然抗争，来张扬人的个性，西方流行的蹦极、跳伞、飞车特技等休闲活动均以生命为赌注去孤注一掷。西方人认为，正是这种危险性才使休闲活动具有极大的魅力；而中国人的休闲则主要是为了开掘内心世界，使内心世界丰富多彩，并通过顿悟和神游来与大自然融为一体。在中国人看来，大自然永远是和我们共呼吸的，是最能激发人心底的共鸣的。所以，中国人一直认为，休闲的真谛在于投身于自然、认同于自然，并在自然中陶冶出更加美好的心灵世界。中国人的最高追求是以大自然的精灵之气涤荡自己的身心，追求一种心旷神怡的自得，从而求得物质、情感、性灵的融汇。对中国人来说，休闲文化具有独特的调适心灵的功能。

---

### 相关链接 🔍搜索

### 休闲教育

在发达国家，休闲教育早已成为人生的一门必修课，是从幼儿直到退休之后终身教育的内容。以美国为例，早在20世纪初期，联邦教育局就将休闲教育列为青少年教育的一条"中心原则"，作为正确人生价值观和促进"成为人"的途径之一。休闲教育家查理斯·波瑞特比尔甚至认为，教育应是以人的休闲生活为中心的教育。

休闲教育是规范社会生活与个人行为的基础性教育。积极、健康、文明的休闲方式，可以提升人的教养，降低社会交易成本，减少社会不和谐因素。

休闲教育的要义是引导人们合理、健康的生活方式、生产方式、行为方式、饮食方式、消费方式，倡导勤劳节俭，崇尚简朴生活，遏制个体与社会的浮躁之风，学会节欲，学会放弃，学会自由，学会欣赏，学会创造。

——资料来源：马惠娣.生命与休闲教育［M］.北京：人民出版社，2008.

# 第三节　休闲社会与未来休闲

## 一、休闲社会的主要特点

### （一）休闲与工作和谐发展

要做好一件事情，总是要付出的，但忙到什么都顾不过来，也是不对的。工作和休闲根本就没有界限，有些人忙得很快乐，那工作就成了他的一种休闲方式；但如果忙得很累，则说明工作已经超过能力，是能力不够。我们常将80/20定律用在工作上，如果一个人用20%的工作时间换回80%的业绩，那么剩下80%的工作时间完全可以用来放松一下。现代管理制度是必要的，最佳的状态就是工作和休闲完全区分开来，说明工作和生活都很快乐。

### （二）休闲方式和场所选择多样化

根据调查，居民休闲时间大致划分为日常时段、周末时段和节假日时段三大部分。

（1）日常时段。在日常时段居民选择的位居前三位的休闲方式依次是看电视、逛街购物和外出就餐。家庭是居民在日常时段休闲活动的主要场所，同时，多数居民平日的休闲时间为3小时左右。目前，很大一部分人都把看电视作为平时休闲方式的主要内容，体现出显著的方式单调性和活动趋同性特征。从不同的性别群体看，男性看电视的时间略低于女性，说明男性比女性在休闲方式选择的自由度和多元性方面稍占优势。

（2）周末时段。在周末，看电视的人的比例虽然比平时有所减少，但仍是居民首选的休闲方式。其次是逛街购物、外出就餐活动以及体育休闲健身和社交活动。休闲活动场所主要集中在家庭、商场和户外娱乐场所。由于个人所从事的行业和家庭生命周期的不同，休闲时间在5~15小时。虽然不同性别在选择具体场所的时候各有侧重，但在周末，居民表现出来的共同倾向就是休闲场所由单一型向多元型转变，由室内转向室外。因此，在周末，居民休闲方式选择的自由度在整体上得到加强，休闲方式选择的多元化成为居民共同的趋向。

（3）节假日时段。在节假日中，居民休闲方式的构成发生根本性的变化，外出旅游度假成为居民的首选，紧随其后的是走亲访友等社交活动，而以往的看电视活动方式则被大多数人抛弃。在这一时段内，近郊的1~2日游或远距离的旅游度假活动成为居民共同的选择指向。由于这一时期休闲时间较多，居民休闲活动几乎涉及了平时难得一去的所有场所，包括图书馆、博物馆、纪念馆等。值得一提的是，在节假日，男性选择家庭作为休闲场所的人数要多于女性。

综上所述，在平时，居民休闲方式集中在消遣娱乐类、怡情养生类和社会活动类，主要利用社区活动中心、城市公园、商业街等公共场所。节假日和双休日的休闲方式集中在体育健身类、旅游观光类和教育发展类休闲活动，主要利用公共娱乐或健身场所以及景区、景点。

### （三）休闲资源利用效率提高

有学者认为，《国民旅游休闲纲要（2013～2020年）》的颁布，体现了社会各界对旅游促进经济社会发展、促进人类文明健康的广泛认同，也顺应了广大人民群众崇尚文明健康旅游、追求现代时尚幸福生活的迫切愿望。鼓励开展城市周边乡村度假，积极发展自行车旅游、自驾车旅游、体育健身旅游、医疗养生旅游、温泉冰雪旅游、邮轮游艇旅游等旅游休闲产品，明确相应的现代国民旅游休闲基础设施、服务设施与活动空间的建设拓展。除城市休闲公园以外，还要加强休闲街区、环城市游憩带、特色旅游村镇等居民休闲空间的建设和营造，加强旅游资讯公共网站建设和公共场所旅游咨询中心建设等。

把加快发展旅游休闲业作为一项全局性的工作来谋划，坚持高起点谋划、高标准要求、高质量建设、高效能管理，集中精力塑造旅游休闲形象品牌，推动旅游休闲业成为旅游的新领域、旅游的新亮点、全民旅游的新时尚、群众增收的新途径，让旅游休闲率先起航。

### （四）休闲在经济生活中的地位增强

职工带薪休假制度写入了《国民旅游休闲纲要（2013～2020年）》，巩固了休闲产业的战略性支柱地位。鼓励机关、团体、企事业单位引导职工灵活安排全年休假时间，实现与法定节日相连接，形成集中休闲，并逐步形成门类齐全、兼顾高中低端消费市场的休闲产品体系，基本满足不同年龄段群众和社会各界的休闲需求；基本形成适应群众休闲需求的制度安排和政策机制，使人民都享有公共休闲产品和服务；参与休闲人数和有效休闲时间明显增加，追求健康休闲生活成为时尚；休闲产业的战略性支柱地位更加巩固，文化、旅游产业收入占国内生产总值的比例增加。

政府今后将重点加强公共休闲设施的规划和建设，实施文化与旅游两大产业的"双轮驱动"，大力发展休闲产业。发挥旅游度假区的作用，打造休闲精品综合体。开发乡村休闲资源，按照城乡一体化建设大果园、大花园、大公园的思路，建设一批可供户外休闲的景观游憩线路。鼓励和支持各地突出打造差异化区域休闲产品。利用传统节日，办好群众性休闲节庆活动。

除将职工带薪休假制度纳入考核外，政府还提出其他鼓励休闲的措施。将全面开放公共休闲资源，实现各行各业公共休闲资源的公共化、社会化。原则上，凡是政府投资的休闲设施和产品都要免费开放。各级部门要把国民休闲纳入经济社会发展总体规划，逐步建立休闲经济统计核算与考核体系。建立部门协调联动机制，把落实情况和工作成效纳入各级各部门的绩效考核。

---

### 相关链接 🔍搜索

#### 休闲也是人们的权利

古人云："一张一弛，文武之道。"这对个体生命也是极为适合的，该"张"的时候，紧张而勤奋地工作、学习；该"弛"的时候，调适心理，放松情绪，休闲一番，总之，个体生命必须作息兼顾才能日臻佳境。

"CCTV经济生活大调查"首次对国民休闲时间所进行的调查显示：总体上看，中国人的休闲时间不太充分，有70%的受访者日均休闲时间少于3小时，经常处于奔波劳累、闲暇缺乏状态，还有8%的受访者表示，几乎没有休闲时间，忙碌不堪。调查还显示：最为忙碌的地区集中在辽东半岛、长三角和京津地区。这些地区也是当前经济发展较快、收入水平较高的地区。在所有343个受访城镇排名中，北京和上海显得颇为惹眼：北京的休闲时间排名239位，上海的休闲时间排名177位，成为中国最忙碌的城市之一。概而言之，国人的休闲状况堪忧。

客观而论，后工业化时代的现代生活节奏日益加快，相当一部分人缺乏休闲。他们为了生计疲于奔命，整天像机器人一样无休止地运作，希望保住饭碗，希望多挣些钱。这些"社会塔基"者迫于生活窘促，无奈将自己的休闲权自动放弃了。要说他们是社会弱者，其中一个重要表征便是人生中缺失了休闲的权利，进而长此以往严重影响自身健康。世界卫生组织给出的"健康基石"概念是16个字：合理饮食、戒烟限酒、适当休闲、心理平衡。健康来自健康的生活行为，现代人应该主动去争取健康，树立良好的健康意识，其中的"适当休闲"既是自己应尽的责任，也是自己应享的权利。

——资料来源：沈栖. 休闲也是你的权利 [EB/OL] . 东方网，2012-04-09.

---

## 二、现代社会休闲的发展趋势

### （一）休闲理念生态化

生态休闲是一种先进的休闲理念、一种科学的休闲行为以及一种促进人自由全面发展的重要手段。它有助于提高人们的精神享受水平，培养人们科学合理的消费方式，进而促进人的意志、品质、科学文化素质、能力素质等各方面自由全面地发展，促进和谐社会建设与社会的可持续发展。

倡导生态休闲，有助于优化国土空间开发格局、促进资源节约、加大生态系统和环境保护、加强生态文明制度建设，进而促进生态和谐，实现自然生态的持久发展，对增强我国的经济实力、提高国民的整体素质有着重要的意义。

生态休闲通过以内化理念的方式或外化行为的方式作用于人，引起人自身对人生价值的思考，唤醒人的生态危机意识，发挥人的生命的道德化潜能，灌输生活的质量化意识和生存的生态化意识，使人在自由自主状态下得到了"成为人"的幸福感与"自我再创造"的机会，从而使人的关系和能力更具普遍性和全面性。目前，生态休闲呈现出以下几个特点：

（1）生态休闲的经济能力逐渐提高。人们用于生态休闲的经济支出主要用于生态休闲的路费支出、一些生态休闲区门票支出、地方土特产品消费支出、生态休闲区娱乐活动消费支出等。人们可选择低经济支出或无经济支出的生态休闲区进行生态休闲，但从社会生态休闲文化长远发展与人的自由全面发展看，低经济支出或无经济支出的生态休闲区还不能满足大多数人对生态休闲的需求。近年来，城市生态休闲带、城市生态休闲旅游区、农业生态休闲区、林业生态休闲区等已经建立起来。对于一些经济能力比较高的人而言，选择什么样的生态休闲区就是兴趣和距离的问题。有些人认为，生态休闲经济支出能力的提高有利于我国生态休闲的塑造功能、治疗功能、协调功能与文化创造功能。

（2）生态休闲模式呈多元化发展。目前比较常见的是"返璞归真"的生态休闲方式，主要以森林、山花、清泉、湖泊、奇峰怪石、瀑布等为休闲生态环境，配以高含量的具有外在生理治疗功能的森林空气负氧离子、植物精气、充裕的阳光等生态因子，再辅以简约而安全保障功能强的与环境格调相融合的设施。在这样的环境中，无论是畅饮聊天、摄影、徒步观光还是泡温泉、跑步，都是一种既调节身心又强调人与自然和谐相处的休闲方式。这种生态休闲方式消费低、健康，但是比较单调，于是一些源自城市的书吧、酒吧、餐厅等休闲场所走进了自然，与自然的山水、花草、树木融为一体，可以使休闲主体体验生命宁静。生态文化体验、生态宿栖、生态农业旅游、生态渔业旅游等生态休闲方式的兴起，也展现了我国生态休闲模式多元化发展的倾向。其中，生态农业旅游与生态渔业旅游是休闲主体寻求一种"特别"的生活方式与休闲方式，农业高科技生态休闲是休闲性、知识性、科学性合为一体的休闲方式。休闲主体可以从中学到有关动物养殖知识，思考环境与生命世界、人与环境、人与生命世界的关系。

（3）休闲经济潜力比较大。近年来，休闲旅游业发展速度迅猛，国内旅游人数不断增长，旅游外汇收入不断提高，无论是在入境旅游还是出境旅游方面都获得了喜人的成绩。这些足以说明我国休闲经济潜力较大，我国居民休闲倾向不断增强，这将给我国发展生态休闲奠定良好的经济基础，并为发展生态休闲产业积累经验。

 课 堂 思 考

在建设生态文明的理念下，我们如何发展生态休闲？

## （二）休闲消费步入大众化

2007 年《政府工作报告》首次从国家层面定位，要求积极培育休闲这一消费热点。国民休闲是一个国家发展到盛世的内在表现，是一个民族繁荣昌盛和生活水准高度的重要体现。而在现实操作层面，要想使国家级的国民休闲计划在全国城乡和东中西部广大地域都见成效，尚需要经历一个漫长的发展过程。

首先，休闲消费已步入大众化阶段。每逢国家法定节假日，全国居民出游动辄上亿人次，城郊和乡村游人如织，休闲度假设施满载运营。其次，2019 年我国居民人均出游达 4.3 次，休闲消费的大众化市场为施行国民休闲计划奠定了非常坚实的基础。再次，我国的休闲时间已达到中等发达国家水平，周末双休、法定假日等，已经使我国公众全年的假日和休息日达到 114 天，劳动者额外再享有 5~15 天的带薪休假，这为国民休闲提供了充足的闲暇。最后，从市场供求因素看，休闲需求和休闲产业都达到了前所未有的水平。先看休闲潜力，按照全球休闲与旅游业发展的一般规律，一个国家当人均 GDP 超过 5000 美元，休闲消费就将进入快速增长期。据我国国家统计局发布的数据，2013 年时我国人均 GDP 就已达到 6767 美元。据全球著名的传媒机构尼尔森公司调查，近年来，我国 53% 的消费者计划把闲置资金用于休闲、旅游等，这个比例远高于亚洲其他国家。因此，我国国民休闲消费正处于强劲增长的前夜。再看休闲业态，休闲作为一种业态，目前国内既有闲情逸致、小资情调的传统消费场所，也有乡村庄园、葡萄酒庄、高尔夫球场、豪华游艇、迪士尼大型游乐园等西方舶来品。

 课 堂 思 考

如何实现休闲产品多样化？

### （三）追求休闲个性化

人民生活水平的提高以及出境旅游目的地的不断扩大，在未来5年内，以观光和休闲度假为目的的出境旅游将超过公务/商务旅游，成为中国公民出境旅游的主体需求。花上不多的钱，体验异域风情，享受超值服务，是出游者的明智选择。国外有很多免费的景点，都是非常优质的，是值得深度体验的。例如，在法国，那些不为国内游客熟知的名人故居、市井小巷、新潮展览更具有法国情调。

旅游从业者要为游客提供更多有价值的产品和性价比更高的出游体验。有个性的产品才是最有生命力的、最有人缘的。不过，旅游企业仍然应该坚守中高档产品搭配，丰俭由人。做好常规的产品，做精个性化的项目。

 **复习与思考**

#### 一、名词解释

休闲　闲暇　游憩　休闲旅游　《国民旅游休闲纲要（2013~2020年）》　生态休闲

#### 二、简答题

1. 简述旅游与休闲的关系。
2. 比较中西方休闲的不同之处。
3. 休闲社会的主要特点有哪些？
4. 休闲社会的发展趋势是什么？

#### 三、单项选择题

1. 《国民旅游休闲纲要（2013~2020年）》提出要在（　　）年基本落实职工带薪年休假制度、要保障休闲时间、改善休闲环境、推进国民旅游休闲基础设施建设，要完善国民旅游休闲公共服务。

A. 2020　　　　　　　　　　B. 2030

C. 2015　　　　　　　　　　D. 2025

2. （　　）写入《国民旅游休闲纲要（2013~2020年）》。

A. 职工带薪休闲　　　　　　B. 黄金周

C. 民俗节日　　　　　　　　D. 世界遗产日

## 四、 多项选择题

1. 休闲社会的主要特点包括（ 　　 ）。

A. 休闲与工作和谐发展　　　B. 休闲方式和场所选择多样化

C. 休闲资源利用效率提高　　D. 休闲在经济生活中的地位增强

2. 休闲社会的发展趋势包括（ 　　 ）。

A. 休闲理念生态化　　　　　B. 休闲消费步入大众化

C. 多样化休闲产品　　　　　D. 追求休闲个性化

## 五、 案例分析

### 中外休闲有差别

　　在比利时鲁汶大学从事认知神经科学研究的朱棋和妻子已经在比利时生活两年多了。在他们眼中外国科研工作者对待休闲的态度与国内有很大不同：

　　"在国内的时候，我感觉周围做科研的人都喜欢自愿加班，很多人晚上会工作到很晚，即使是周末，也会有人去实验室工作一会儿；现在在国外做科研，我很少看到有人去加班，他们周末一般都会在家里跟家人一起享受家庭生活。"朱棋说。

　　这与在中国农业大学做访问学者的加拿大教授托尼·弗勒（Tony Fuller）的看法类似。

　　"加拿大和中国在休闲方面有很大的差别，"托尼说，"大多数中国人觉得休闲是一种罪过，与自己无关，是有钱人的事情。在中国，休闲可能会被认为是懒惰或者是浪费时间。"

　　用托尼的话说，休闲就是放松身心，是一种安静、平和的心态。

　　"所以，对我来说，乘小船进行生态旅游是一种很好的休闲方式。"托尼告诉记者。

　　而朱棋和妻子更喜欢热闹点的休闲方式。"我们喜欢和朋友一起聚聚，打三国杀，K歌。"朱棋说。

　　那到底是什么导致了中国人和西方人在休闲态度和休闲方式上的这种差异呢？

　　中国传媒大学文学院院长张鸿声认为："中国文化和西方文化都有各自的传统。但是中国文化在19世纪末到20世纪上半叶，出现了一个巨大的文化断层。这使得中国传统文化的社会基础丢失了，很多传统文化在这个断裂期中断。所以，在中国，K歌等一系列大众文化阶段兴起的新的休闲方式逐渐成了休闲生活的'主力军'。而西方的休闲文化生活并未出现这种文化断层，所以其一直继承延续至今。"

　　　　——资料来源：于思奇. 中外休闲有差别［N］. 中国科学报，2012-10-26.

根据以上案例，回答如下问题：

1. 你从案例中获得哪些启发？

2. 中外休闲差别有哪些？

## 📖 推荐阅读

1. 马惠娣. 休闲：人类美丽的精神家园 [M] . 北京：中国经济出版社，2004.

2. 马惠娣. 中国公众休闲状况调查 [M] . 北京：中国经济出版社，2004.

3. 罗艳菊，申琳琳. 休闲学概论 [M] . 哈尔滨：哈尔滨工程大学出版社，2012.

4. 马惠娣. 未来 10 年，中国休闲旅游业发展前景瞭望 [EB/OL] . 中国休闲研究网站，http：//www. chineseleisure. org/.

# 第二章 表征休闲的核心范畴

随着社会和经济发展，文明进步提高，人们的生活水平发生很大的变化，休闲时间也随之增加，休闲中的体验伴随着休闲的生成、状态的持续和情景的展开，休闲、游憩和娱乐相互联系。

本章介绍了闲暇、休闲动机、休闲体验、休闲畅爽等休闲的核心范畴，以及休闲、游憩和娱乐的相互关系。学好本章内容，将为后续章节概念学习做好铺垫。本章的重点是掌握休闲动机和休闲体验的概念，了解闲暇、休闲畅爽、休闲省悟以及休闲、游憩和娱乐的相互关系。

## 学习目标

### 知识目标

1 了解闲暇。

2 了解休闲畅爽、休闲省悟。

3 了解休闲、游憩和娱乐的相互关系。

### 能力目标

1 掌握休闲动机在休闲活动中的作用。

2 能够分析休闲体验产生的层次。

案 例

### 中国人工作日休闲时间仅 3 小时

2013 年 5 月 19 日，中国国家旅游局在重庆发布了《中国国民休闲状况调查报告》。报告显示，虽然从社会及经济发展现状来看，中国已进入大众旅游休闲时代，但在实际生活中，国民的旅游休闲状况并不理想。

《重庆日报》报道，报告显示，中国国民在工作日的休闲时间平均仅有 3 小时，远低于发达国家。在落实职工带薪年休假方面，仅 7.7% 的人因带薪年休假不符合相关规定，和单位有过交涉，仅半数的受访者认为严格落实带薪休假是有可能的。报告显示，看电视、聚会逛街、锻炼身体、读书看报、上网休闲，这是中国人最常从事的五大休闲活动。

——资料来源：侨报，2013.

案 例 分 析

1. 理想的国民旅游休闲状况应该如何？
2. 如何落实带薪休假制度？

# 第一节　生命时间与闲暇

## 一、闲暇时间与社会发展的关系

闲暇时间一般是指人们每天除了必要的工作时间、满足生理需要的时间（睡眠和休息）、家务劳动和上下班的往返时间之外，可供自己支配的其他时间。社会拥有一定数量的闲暇时间并在各个不同的阶级、阶层和职业人员中进行分配，使每个人都有一定数量的闲暇时间。社会闲暇时间的总量是由社会生产力水平所决定的。经济和社会发展越快，闲暇时间的总量就越多，这是一个客观规律。不论是资本主义社会还是社会主义社会，都具有同样的现象。据统计，近 100 年来，世界发达国家的工作时间缩短了一半（从每周工作 6 天，每天工作 12 小时，缩短到每周工作 5 天，每天工作 7 小时），而与此同时，闲暇时间的总量增加了 2~3 倍。

现代科学技术的进步，极大地提高了劳动生产率，这种进步带来了两方面的积极结果：一方面是社会产品的增加，另一方面是闲暇时间的增多。生产率越高，所需劳动时间就越短，而对劳动者的技能要求就越高。由于科学技术和知识的更新加快，对劳动者

技能要求的提高，人们就需要有更多的闲暇时间来进行学习和发展各种技能，以适应现代社会发展的需要。闲暇时间是伴随着社会进步而增加的，人们拥有闲暇时间的多少是衡量社会发达程度的一把标尺。

社会闲暇时间的增加是积累社会财富的一种形式。它对于个人和社会无疑是一笔巨大的财富，其价值和意义是多方面的，特别是在文化发展方面的价值更是显而易见的。在现实社会中，人的个性的全面发展，人在文化享受和创造方面的活动基本上都是在闲暇时间进行的，除非所从事的工作为个人所满意，或者其工作本身就是从事文化创造活动。人们在闲暇时间里可以从事各种精神文化的创造性活动，可以得到愉快的娱乐和休息，可以学习各种自己爱好的技能，发展丰富多样的兴趣，可以自由自在地进行社会交往，可以学习各种知识，参加各项体育运动，发展智力和体力。对于个人来说，它既是文化消费的时间，又是文化创造的时间，前者获得享受，后者求得发展，对于社会来说人们在闲暇时间中得到的"补偿"和发展，将对经济和文化的发展起到积极的作用。

我们不能仅仅把闲暇时间的利用和闲暇文化活动的发展看作个人和家庭在享受和发展方面如何更科学化和合理化的问题，也不能仅仅看作某个集体或社会某一部分利用闲暇时间和发展闲暇文化的科学化、合理化问题，而应当把闲暇时间的利用和闲暇文化的发展同整个社会如何从中获得最大的政治、经济和文化利益的问题联系起来考虑，同如何利用它来提高全民族的文化素质、建设高度的社会主义精神文明的战略目标联系起来研究。

## 二、闲暇时间的利用

与农村相比较，城市闲暇时间及其文化活动具有时间相对集中、内容丰富多样、机会频率较高、信息容量较大、自主选择性强、利用效率高、活动质量高、节奏快等特征，这些特征为提高城市居民的闲暇生活质量创造了良好的条件。人的一生如以 70 年计算，大约有 18 万小时的闲暇时间，如能合理地、高效率地利用这些时间，无论对个人还是社会都将是一笔宝贵的财富。

闲暇时间的利用，从内容上看，主要是满足精神文化的享受和发展的需要；从形式上看，是完全由个人自由支配的时间，这种支配的"自主性"无论对个人还是社会都是极为重要和珍贵的。人们通过这种"自主性"可以在很大程度上自觉、高效率、多样化地开展闲暇文化生活，发展自己的个性（兴趣、能力、气质和性格）。但是，这种"自主"又不是随心所欲、为所欲为的，而是在特定社会历史条件下的"自主"。首先，这种"自主"不能违反法律规范、道德规范和社会规范。其次，在闲暇时间里的各种文化活动的选择和实施都是受一定的价值观念的支配和影响的。人们可以选择学习活动和体育活动，也可以选择娱乐活动和宗教活动。从整个社会来讲，多数人愿意选择某种活动或者不愿意选择某种活动，必然是受特定历史条件下占主导地位的或流行的价值观念或社会思潮的影响，而这种价值观念是由社会的政治、经济和文化因素所决定的。社会主义社会有责任通过各种途径去影响和感化人民群众，使其建立起正确的价值观念，以便在闲暇文化活动中通过"自主"或"自由"的形式，达到有利于建设社会主义精神文明和物质文明的"定性"发展。例如，是否想看电视和看什么节目是个人的权利和自由，但节目的内容是由社会来组织的，社会可以通过丰富多彩、健康活泼的电视节目把越来越多的人吸引到电视机前，使收视率不断上升；也可以因为节目的单调贫乏使人们不愿看电视。尽管这些现象在表面上都出自居民自觉和自主的选择，但实际上，其价值观念是深受社会影响的。因此，社会应当也能够指导和调节居民在闲暇文化生活中的选择和态度，使居民的闲暇时间安排得更加合理，更有利于个性的全面发展。

# 第二节　休闲动机与休闲体验

## 一、休闲动机

休闲动机，顾名思义，就是从事休闲活动的动机。国外有研究者指出休闲动机是人们参与休闲活动的心理层面和社会层面的理由。在更早以前，Iso-Ahola（1980）便提出休闲动机除了是个人从事闲暇活动的原因外，还指引着活动的方向，他还研究了休闲动机的动态性，指出休闲动机因时而异、因人而异、因地而异，并且随着情境的变化而变化。2004年，我国学者李仲广、卢昌崇将休闲动机定义为：引起、引导和整合个人休闲活动，并导致该活动朝向某一目标的内在心理过程。虽然产生休闲行为的原因很多，但休闲动机是产生休闲行为的主要原因。

李仲广等人认为，休闲动机理论主要包括不平衡理论、补偿/溢出理论、熟悉/好奇理论和需要层次理论等。

（1）不平衡理论。不平衡理论认为人类休闲行为的动机来源于生理和心理的不平衡。生理方面的内驱力促使人维持和恢复生理功能，例如，当身体疲劳时就需要休息和放松，而身体虚弱时需要进补和加强锻炼以增强体质。这种生理内驱力是先天的、本能的。同样的，人的心理状态也需要维持一定的平衡，这种平衡包括两方面内容：认知上的平衡和情感上的平衡。只有在心理上获得了平衡，个体才会知足；心理上若是不平衡，就会引发各种焦虑，驱使人去从事某些活动以恢复心理平衡状态。因此，心理动机是由心理的不平衡状态引起的。

（2）补偿/溢出理论。补偿理论主要探讨工作或其他应履行的义务对休闲产生的影响。该理论认为，休闲是对工作无聊之余的补偿。补偿性是指在休闲中寻找工作领域中无法得到的快乐。例如，现在人们工作忙碌了很长一段时间，常以旅游散心作为松弛自我、补偿犒劳自己的一种方式。与此相对，溢出理论则是指将生活中其他领域的快乐与体验带到休闲领域。它的基本理念是休闲与工作平行发展。它主要表现为两种情形：一种是工作使人感到兴奋和刺激的，那么，工作者便会有意无意地维持这种感觉，仍选择比较令人兴奋的休闲方式。另外一种则是在工作中体验不到乐趣的人，就会将无趣的工作惯性带到休闲活动中去，形成无趣的休闲活动。

（3）熟悉/好奇理论。熟悉理论认为，休闲行为出自习惯。它的基本假设是人们在社会生存中觅得一条舒适、安全和自在的生存或消遣道路。这一理论将休闲行为与惯例、习性相连。好奇理论将人分为保守型和开放型两种，前者表现为自律、神经质、缺乏冒险意识，后者则表现为自信、追求新奇和冒险、富有探索精神。保守者在休闲时倾向于选择熟悉的地方，而开放者则喜欢独立安排不同的休闲地。

（4）需要层次理论。需要层次理论的提出者是马斯洛，他认为人类的需要有五个层次：生理的需要，安全的需要，归属和爱的需要，尊重的需要和自我实现的需要。在生产力不发达的早期社会，生理需要的满足是生活要事的全部内容；只有在社会进入较为富裕的阶段，并能赋予个人以一定的自由时间。休闲需要产生于人类的需要系统，开始成为现代人的一种新的生活方式。

 课 堂 思 考

大学生休闲时间较多。同学们的休闲动机是否能自觉、高效率、多样化地开展闲暇文化生活，发展自己的个性？

## 二、休闲体验

休闲中的体验孕育着丰富的内涵，它不仅是指行为或活动事件本身，而且始终伴随着意义的生成、感觉的延宕、状态的持续和情境的展开。于是，由主体的内在感知所促发形成的"休闲体验"便自然进入了学者的研究视域。而对于休闲体验内涵的理解，不同的文化赋予其内涵是不尽相同的，以下从两方面来分别阐述。

一方面，休闲从普遍的意义上理解，是在追求人生的快乐与幸福。休闲体验正是实现这一目的的源泉和实现这一目标的途径。毫无疑问，影响人们获得幸福与快乐的因素很多，物质生活条件是其中的重要因素之一。人类社会的工业化进程，创造了令人难以想象的巨大的社会财富，但对于个人而言真的得到幸福了吗？恐怕很多人的答案是否定

的，因为它缺少了一种使之愉悦的精神状态（或称之为态度）。因此，显而易见，物质生活富裕的人并不一定就会感到幸福与快乐。这也说明，人的幸福与快乐虽然与物质条件有关，但如果缺少一颗能够感受生活、感受幸福与感受快乐的心灵，他就无法得到真正的幸福与快乐。从某种程度上说，休闲体验的意义正是要赋予社会个体以感受生活、感受幸福与感受快乐的心灵或者说提供获得这种幸福的路径。我国传统的儒家思想也反映了这一观点。儒家哲学是一种典型的入世哲学、社会哲学，它始终把人的一切问题置于社会环境中加以考察。休闲体验问题也是如此。中国古人的休闲观认为，体验植根于血缘关系，以情感为基础，以内省、反思、体悟为主要方式，不断提高人们感受生活、感受幸福与快乐和体验生命意义的能力。这说明，我们要获得生命的幸福与快乐，就要保持积极体验的态度，要有一颗渴望体验和感知的心灵。

另一方面，现代西方学者试图通过大量的社会调查与实验去解释休闲体验的内涵。然而休闲体验就像约翰·凯利所说的那样：可能根本不存在一种可以清晰定义的休闲体验。但还是有学者使用了一系列量级来衡量休闲体验的各个层面，来挖掘其内在的意义。他们提出了一个由 6 个层次组成的框架，而这些都是人们从直接的休闲体验中抽象概括而成的，它们是：①心理上的，自由感、享受、参与、挑战。②教育性的，智力挑战及获取知识。③社交性的，与他人的良好关系。④放松性的，从压力及疲劳中解脱。⑤生理性的，健康、健美、体重控制与康乐。⑥审美性的，对优秀作品及自然景色的反应。从这 6 个层次中，我们可以直观地感受到休闲体验的内在意义。它是过程，而不是完成的行动或最终产品，并且是我们实现休闲的最终目标——"存在"与"成为"的基础。

## 三、休闲体验内在因素

### （一）休闲的内在要求

无论如何界定休闲，我们都无法否认，休闲在本质上是一种摆脱限制的自由、一种自我超越的状态。这种自由和状态在本质上是一种摆脱各种束缚和压力之后的自由心境和心理体验。也正因如此，休闲学把体验视为休闲的过程。从这个意义上说，体验是休闲的内在要求。学者们对休闲的认识集中于它是一种"状态"，而这种状态一定是一种有意识的参与状态，换句话说就是一个体验的过程。因此约翰·凯利也指出，休闲的特点就是感知到的自由与对行动的渴望相联系的种种态度。人们只是渴望体验本身，而非体验以外的原因或目的。所以我们将休闲视为一种"精神状态"，而非活动或时间；休闲既非环境，亦非行为，而是与之相伴随的精神状态。这种状态就涉及休闲的最基本的层面"感知到的自由"。感知实际上就是直接体验的重要内容之一。

## （二）审美的需要

从根本上说，所谓休闲，就是人的自在生命及其自由体验状态，自在、自由、自得是其最基本的特征。休闲的这种基本特征也正是审美活动最本质的规定。我们要深入把握休闲生活的本质特点，揭示休闲的内在境界，就必须从审美的角度进行思考；而要让审美活动更深层次地切入人的实际生存，充分显示审美的人本价值和现实价值，也必须从休闲的境界内在进行把握。前者是生存境界的审美化，后者是审美境界的生活化。休闲与审美作为人的理想生存状态，其本质正在于自在生命的自由体验。因此可以说，审美是休闲体验的最高层次和最主要方式。

## （三）缓解压力的需要

现代社会带给人们的，除了繁荣、富足和大量的替代人类劳作的科技产物之外，就是生活的重负、工作的压力和心灵的扭曲，人们长时间处于紧张和压力的包围之中。其中，青年人承受着较为沉重的生活负担和工作压力。他们被未来社会经济发展的不确定性所困扰。据中国科学院心理研究所一项调查的最新统计数据和结果显示，我国 20~30 岁的人群位列各年龄段压力之首。欧美等西方国家也存在着同样的问题，几乎每 10 个美国人中就有 4 个承认他们总是感到过于匆忙，他们想得到更多的业余时间并希望生活节奏慢下来。在英国，工作压力造成的国民生产总值的损失估计高达 10%。这种高强度压力常会导致健康问题并引发疾病。然而，人不是机器，无法无休止地忙下去。人必须善于调节自己，才能使自己的身体和精力处于一种良好的工作状态。因此，用什么手段来调节自身的状态就成为一个重要的问题。从近几年的发展来看，休闲成为人们调节压力的首选。杰弗瑞·戈比也说过："在未来的几十年中，休闲最重要的功能大概将是减轻压力。这意味着人们将有机会放慢生活节奏，享受独处的乐趣，尽可能地接近自然并拥有一份安静。"

人们通常所说的这种压力，其实就是因某个事件产生的精神困扰，并且这些困扰使得人的精神思想和行为语言受到了一定影响的一种情绪情感体验。既然休闲是一剂缓解压力的良药，在针对压力的情感体验时，休闲活动必然倾向于与之相对应的一种情感体验。这种情感体验是一种放松、自由的精神状态，而这正是休闲体验的重要内涵。因此，可以说休闲体验是缓解压力的重要方式。休闲体验活动不仅在理论上可以调节人们的心理，而且在实际生活中人们的放松方式也显示出体验性的休闲活动可以达到更好的效果。例如，在欧洲和日本，人们通过嗅取芳香油，刺激人类大脑边缘系统的神经细胞，对舒缓神经紧张、调节心理压力很有效果。另外，有研究指出，吃零食也可以缓解紧张和消除内心的冲突。当食物与嘴部皮肤接触时，一方面它能够通过皮肤神经将感觉信息传递到大脑中枢，从而产生一种慰藉，使人通过与外界物体的接触而消除内心的压力。除此之外，人们常用来缓解压力的休闲活动还有饲养宠物、穿称心的衣服等。由此可以看出体验性的休闲活动的确有助于缓解人们的心理压力。

## （四）自我实现的需要

自我实现是指人都需要发挥自己的潜力，表现自己的才能；只有当人的潜力充分发挥并表现出来时，人们才会感到最大的满足。这个命题是人本主义心理学大师马斯洛在20世纪40年代提出的。马斯洛认为，人类的需要是分层次的，由低到高。它们是：生理需要、安全需要、社会交往需要、尊重需要、自我实现的需要。其中，自我实现的需要是最高等级的需要。满足这种需要就要求完成与自己能力相称的工作，最充分地发挥自己的潜在能力，成为所期望的人物。这是一种创造的需要。有自我实现需要的人，似乎在竭尽所能，使自己趋于完美。自我实现意味着充分地、活跃地、忘我地、全神贯注地体验生活。而我们所说的休闲体验不正是满足自我实现的有效手段吗？自我实现所包含的生命意义的升华、人生价值的实现、人生幸福的获取、生活乐趣的享受，无不从体验中获得。这种体验的最佳方式，正是休闲体验。因此，休闲体验是自我实现的需要。

**案 例**

### 体验"小城"休闲慢生活

提到苏州的旅游景点，大部分游客的目光或许都聚集于市区的古典园林，然而，若把目光放得稍远些，在太仓张家港也有许多值得一游的好地方。如果有机会可以停下脚步，花点时间一起体验的话，小城市那种精彩而又休闲的慢生活将会是你最大的感受。

如果你有足够的时间，不妨到太仓来转转吧！这里有舒适的城市环境、悠闲的文化气息、绝美的江海河美食、雅致的江南园林，宁静的水乡古镇，带着轻松的感觉，来体会这座城市的内在美。

**精品线路推荐：**

一日游线路　南园—张溥故居—海运堤午餐—金仓湖—沙溪古镇。

二日游线路　第一天：现代农业园景区—鹭园生态餐厅午餐—金仓湖—沙溪古镇—宿市区酒店；第二天：南园—张溥故居—海运堤午餐—返回。

——资料来源：姑苏晚报，2013-08-05.

**案 例 分 析**

你认为在体验"小城"休闲慢生活时可以满足人们的哪些需要？

# 第三节　休闲中的畅爽与体悟

畅爽理论提出，在追求休闲的人当中，所获得的快乐体验取决于他们面临的挑战性质和应付挑战的技能水平。如果挑战高于技能，则会产生挫败焦虑之感，大大降低了参与的积极性；如果技能高于挑战，则会产生枯燥厌倦的感觉。当活动中个人技能完美地与挑战水平相称时，个人便处于畅爽的状态。

## 一、畅爽模型

将挑战水平和技能水平按高、中、低等划分，那么，就会得到畅爽模型，详细区分了在不同条件下的不同体验，如图 2-1 所示。

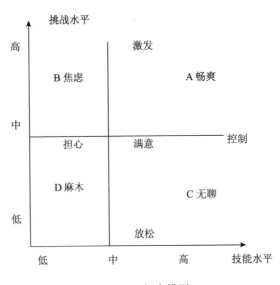

图 2-1　畅爽模型

休闲经济的发展将更具有体验性休闲经济的本质，重在休闲者的体验。因此，随着休闲经济的发展，人们对休闲需求就会更加倾向于体验性的需求，这样休闲经济将具有更多体验性因素。

（1）非生产性。体验是一个人达到情绪、体力、精神的某一特定水平时，其意识中产生的一种美好感觉。它本身不是一种经济产出，不能完全量化，因而也不能像其他工作那样创造出可以触摸的物品。

（2）短周期性。一般规律下，农业经济的生产周期最长，一般以年为单位，工业经济的周期以月为单位，服务经济的周期以天为单位，而体验性休闲经济是以小时为单位，有的甚至以分钟为单位，如互联网。

（3）互动性。农业经济、工业经济和服务经济是卖方经济，它们所有的经济产出都停留在顾客之外，不与顾客发生关系；而体验性休闲经济则不然，因为任何一种体验都是某个人身心体智状态与那些筹划事件之间互动作用的结果，顾客全程参与其中。

（4）不可替代性。体验性休闲经济中的需求要素是突出感受。这种感受是个性化的，在人与人之间、体验与体验之间有着本质的区别。因为没有哪两个人能够得到完全相同的体验经历。

（5）深刻的烙印性。任何一次休闲体验都会给体验者留下深刻的印象，这个印象可持续存在几天、几年，甚至终生。一次航海远行、一次极地探险、一次峡谷漂流、一次乘筏冲浪、一次高空蹦极、一次洗头按摩，所有这些，都会让体验者对体验的回忆超越体验本身。

（6）经济价值的高增进性。你在家里自己冲一杯咖啡，其成本可能不过几元钱，但在鲜花装饰的走廊、伴随着古典轻柔音乐和名家名画装饰的咖啡屋，一杯咖啡的价格可能超过 30 元，你也认为物有所值；在家里烧一盆洗头水，成本不会超过 1 元，但在美发店找一下放松的感觉，一次可能会花上几百元。这就是体验性休闲经济，一种低投入高产出的经济形式。

这些特性不仅符合人性的需要，而且符合经济的人文特性。体验性休闲经济对于消费者来说，关键在于休闲体验过程中的心理感受和精神满足。具体来说就是，要达到"畅爽"的感觉，这里的"畅爽"是指在休闲时产生的一种最佳体验；是人在进入自我实现状态时所感受到的一种极度兴奋的喜悦心情。

## 二、休闲省悟

省悟，一般认为是一个宗教修炼和心理学的概念，指一种冥想忏悔的意识状态或反思体悟的心理体验。《有道词典》这样解释：省悟（wake up to reality），同醒悟，犹醒悟；省悟的省有反省的意思，因此，多指经过自省、内省、反省而明白觉悟过来，详细解释为觉醒明白在意识上由模糊而清楚。其对应的英文表达为 awake to，come to oneself，come to reason，disillusionment 等，而在其他词典中，英文解释则有 realize，beaware 等。然而，英文词语与汉语词汇难以在语义语用上确切地一一对应，所表达的含义也无法到位。这也让懂得中国文化的人深感缺憾。中文"省悟"比对应的英文词汇似乎更加强调内向反求和自我觉察体悟的意思，与理性的意识活动或认识有显著区别，有些类似于德国哲学家皮普尔所谓默观沉默、沉思默想或沉静默观。

省悟，顾名思义，即反省和觉悟。反省就是回头追溯，反思省察、反观内照、反身内求、反求诸己等，曾子所谓"吾日三省吾身"之省当是此意，是人生修养的重要途径，觉悟包含逻辑性的冷静和理性，更重要的是非逻辑的直觉顿悟和灵感等。显然，这是创造性的活水源头。这实际表明了省悟的两种形式，即修养和创造，省而修养，悟而创造；前者是哲学和宗教的心灵源泉，后者是科学和艺术的意识渊源。冥思澄明与彻悟是二者共同的高峰体验，之于修养便是澄澈清明、明心见性、圆融无碍、大彻大悟；之于创造便是豁然贯通、灵感迸发、文思泉涌。省悟的这种含义，使之成为休闲学的一个核心范畴。它不仅是指一种休闲中发生的高层次心理体验，而且是顶级的心灵体验极高的畅爽境界。因此，它不只是一个心理学概念，更是一个哲学概念。在这种心理状态中，人们实现了很高的人生追求，达到了某种形而上的境界，最终使哲学转化为现实的人生，也使人成为哲人，休闲的哲学意蕴和人性价值就在省悟中得以呈现。

由此可见，休闲中的省悟作为一种顶级心灵体验，比畅爽更具有神秘性，也可以说是宗教或修行体验的本质。如果说畅爽是休闲体验中客观地趋向欢快舒畅的身心协同效应，那么省悟就是带有显著价值意义的心灵上的畅爽，一种发生在心灵深层的高峰体验。严格来讲，休闲的内在超越性根源于省悟这种特殊的畅爽体验，省悟就是从内心深处喷涌而出的那种自我陶醉和自我超越，休闲的内在价值和文明功能也在此基础上逐渐生发。休闲之所以成为哲学、宗教、科学、艺术等文化的基础，便是由于休闲省悟的这种畅爽体验。

## 三、休闲省悟的特征

休闲省悟与休闲中的心理体验和畅爽有着密切的关系。体验是最为宽泛的范畴，内容丰富、形式多样，有幸福快乐的体验，也有灾祸（不幸）痛苦的体验；休闲体验则是指休闲或类似状态中幸福快乐或愉悦的体验；畅爽是一种幸福的或健康的体验，是在人的任何活动中都可能获得的幸福自由、欢畅怡爽的体验；休闲畅爽是主体处于休闲或类似状态中的畅爽体验。畅爽可以只是一种欢畅怡爽的身心体验，不一定具有创造性，但省悟则是一种通过反省而觉悟的自我创造的畅爽状态，是有着直接的文化创造结果的身心状态。休闲省悟的特点在于：

（1）闲暇性。省悟是在心理闲暇亦即心闲状态才能出现的一种体验，是心灵处于某个空当闲置或真空状态才能出现的。因此，闲暇包含人的内省行为，闲暇中最易产生省悟，人们也把增加闲暇促进休闲作为激发省悟体验、转变人生态度和文明模式的重要途径。实际上，在劳作中，由于专注于劳作过程，遇到相关的问题或探索创造性的劳作方法，也会出现短暂的省悟。比如，对于劳作技巧的把握和领悟，对于某个问题的豁然得解，对于某种新事物的发现或某项革新的发明等。表面看是在劳作的过程之中发生的，实际上从微观机制看，依然离不开心灵的某种闲暇，哪怕是瞬间的闲暇。

（2）心灵性。闲暇是一种灵魂的状态，因此，省悟不是身体性、感官性或物质性的现象，本质上是发生在人的心灵深层的意识反应。如果有身体上的反应，那也只是副产物或伴随现象，或某种心身反馈现象。但省悟的对象和结果可以是物质性的省悟。这种心灵性特征可以促进文明的非物化或超物化转型，是省悟拯救文明的关键。

（3）内隐性。省悟是发生在人的意识内部的活动，是别人无法察觉的，并不必然具有显著的外在行为表现。这一特征使得省悟难以量化检测和规范监控。因而，要实现更多的、更高层次的省悟，主要取决于休闲主体对于人性修养与文明创造的自觉意识和强烈动机。

（4）莫名性。休闲是一种无法言传的愉悦状态，因此，休闲省悟的状态和境界便只可意会，难以名状，它是人的心灵内部的潜意识活动，也是其神秘性的来源。它和内隐性一样能够促进人类从祛魅的机械文明转型或回归为返魅的天人合一的文明。

（5）反身性。省悟中的意识活动对象是内在的而不是外在的，方向和途径是向内的而不是向外的，是一种内向型意识活动模式，即和自己成为一体，和自己互相协调一致。这种返归人自身的特征，促使人类更多地反求诸己而非假于外物，更多地求助于自身的道德智慧，而非总是借助于外在强大的物质力量，这极利于文明的人性化超越。

（6）创造性。我们对许多伟大真知灼见的获得，往往正是处在闲暇之时。休闲省悟，无论是反身内求的修养，还是思考问题的直觉和顿悟，都会有新的发现、新的感受或新奇事物的产生，这与联想、想象和创造密切相连；宗教的修行悟道是一种创造，科学艺术的思索想象也是创造；显然，创造力的重要源泉是休闲及省悟。

并非任何省悟都是休闲，但省悟是休闲体验的最高和典型状态。休闲中更易省悟，发展休闲能够促进省悟，促进人的自我修养和文明创造。

# 第四节　游憩和娱乐

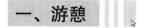

## 一、游憩

对于游憩，目前尚无一个公认的权威性定义。但研究者普遍认为，游憩应该是更广泛意义上的旅游。它包含的范围极其广泛，人们在闲暇时间内为恢复体力和精力而进行的一切活动均可称为游憩。

游憩与旅游是包含与被包含的关系，旅游只是人们所从事的游憩活动的一部分。学者认为随着旅游概念的泛化和我国国内旅游业的大发展，人们对旅游的认识已越来越不清楚了，出现了旅游概念的泛化现象。现在，人们往往把空闲时间所进行的活动称为旅游活动。从狭义来说，游憩是有旅之游和无旅之游的总和。从广义来说，游憩不仅是有旅之游和无旅之游的总和，而且包括由这些活动所带来的一切现象和关系。从以上分析可以得出，目前国内外通用的游憩定义是广泛意义上的旅游。目前国内对于游憩定义的理论研究尚少。

## 二、娱乐

娱乐是指使人快乐或感到有趣的活动。娱乐业是指以使人快乐、感到有趣为主要宗旨的产业部门，娱乐业是休闲文化产业的有机组成部分。一方面，娱乐业本身就是一种休闲文化存在，它直接导致产业规模化、社会化；另一方面，娱乐业的社会付费消费已经成为一种文化积淀，它将扩大文化产业的基础，创造出广大社会消费群体和持续消费能力，从而间接地促进娱乐业规模化、社会化。

娱乐业是由整个社会来整合的具备休闲文化积淀的产业形式。娱乐是人类的天性。古往今来，人们无时无刻不在憧憬着娱乐的时光，参与各种各样的娱乐活动，并不断地发现和创造新型的娱乐活动方式，在娱乐的幻想和实践中获得一种人生的满足和愉悦，获得人类精神的自由。由于娱乐活动在人类发展中具有不可替代的作用，因而在现代社会里，人们更加注重娱乐活动，并把参与的程度和形式作为衡量生活质量水平的一个重要标志。

娱乐经济的核心是创造人的内在体验。全球娱乐经济的产生与发展，正是整个人类快乐天性回归的反映，这是因为人类娱乐业的发展是现代消费社会的典型特征之一。娱乐业以网络游戏、聚会、歌舞、卡拉 OK、电子游戏、台球服务等为主要经营业务，是以大众自我参与、自我娱乐、群体休闲为特征的商业休闲文化行业。娱乐业的消费需求具有多样性、无限性、伸缩性、层次性等特点。娱乐业对国民经济发展的影响是显而易见的，娱乐消费可以促进人的身心健康，促进人际交流，扩展消费领域，拉动消费市场。米切尔·J. 沃尔夫指出："文化、娱乐——而不是那些看上去更实在的汽车制造、钢铁、金融服务业——正在迅速成为新的全球经济增长的驱动轮。"西方国家的娱乐业十分发达，美国娱乐业已经成为年创利 4800 亿美元的庞大产业。在美国个人消费总额中，娱乐消费所占比例已经超过服装（5.2%）、保健（5.2%），达到 5.4%。

 **复习与思考**

### 一、名词解释

闲暇　休闲动机　休闲体验　休闲畅爽

### 二、简答题

1. 休闲动机有哪些？

2. 简述休闲、游憩和娱乐之间的联系。

### 三、单项选择题

1. "需要层次理论"的提出者是（　　）。

A. 马斯洛　　　B. 李仲广　　　C. 约翰·凯利

2. 人们在居住地附近所从事的不超过 24 小时的日常休闲、娱乐活动可称为（　　）。

A. 游憩　　　B. 旅游　　　C. 游客行为

### 四、多项选择题

1. 根据畅爽模型，属于畅爽体验的是（　　）。

A. 畅爽　　　B. 焦虑　　　C. 无聊　　　D. 麻木

2. 休闲体验六个层次是（　　）。

A. 心理上　　　B. 教育性　　　C. 社交性

D. 放松　　　E. 生理性　　　F. 审美性

### 五、案例分析

记承天寺夜游

苏轼

　　元丰六年十月十二日夜，解衣欲睡，月色入户，欣然起行。念无与为乐者，遂至承天寺寻张怀民。怀民亦未寝，相与步于中庭。庭下如积水空明，水中藻、荇交横，盖竹柏影也。何夜无月？何处无竹柏？但少闲人如吾两人者耳。

　　根据以上案例，回答如下问题：

1. 你从苏轼这篇游记中读出哪些意境？

2. 分析本案例中苏轼的休闲动机和休闲体验。

## 📖 推荐阅读

1. 李仲广，卢昌崇．基础休闲学［M］．北京：社会科学文献出版社，2004.

2. 郭茜．收入和时间双重视野下的休闲需求［M］．北京：对外经济贸易大学出版社，2009.

# 休闲文化与娱乐

　　我国目前实行的五天工作制，早在汉代官员中就已推行。《汉律》规定，政府官员"五日一休沐"；至唐高宗永徽二年（651年），又改为按旬休假，即十日休假一次（王勃《滕王阁序》中有"十旬休假"句）。不过那时的休假是采取轮休的方式，而且仅仅是对士阶层的规定，布衣百姓的休闲是无足论的。

　　本章介绍了休闲文化的本质，详细阐述了中外休闲文化的差异，分析了现阶段我国休闲活动发展中存在的问题，提出了休闲文化系统的构成。通过本章知识的学习，希望学生能够针对当地休闲文化的提升提出意见或建议。

## 学习目标　　　　　　　　　　　　　　　　　　　　　　　　>>

### 知识目标

1　了解我国文化休闲的开发现状。

2　了解我国休闲文化的类型。

3　了解中外休闲文化娱乐。

### 能力目标

1　掌握娱乐经济的概念。

2　熟悉娱乐产业失范休闲类型。

3　分析娱乐经济产业的发展以及对世界的影响。

案 例

### 流浪汉的故事

阿里是个流浪汉。他认为人生最大的幸福就是自由支配自己的时间，想干什么就干什么。于是，他整天在城市的街道上游荡，在晒太阳和观看街头万象的自由时光中享受人生的乐趣。

这天，阿里正晒着太阳，突然觉得非常闷热。他意识到夏天来了，于是他想到了游泳。但海滩的游泳场必须买门票，所以他不得不工作两小时，挣到买游泳票的钱。

他如愿以偿，来到了清凉怡人的游泳场。但在两小时的海水浸泡之后，他又对游泳产生了厌倦。他决定去看电影。为此，他又得去打两小时的工。

看完电影之后，他肚子饿了，来到一家餐馆，要求老板让他吃一顿饱饭。作为代价，他给这家餐馆洗了两小时的盘子。他又想起不久前曾经路过一家书店，里面有一本他喜欢的经济学图书。为了买到这本书，他决定继续在餐馆里干两小时的活儿。

当夜幕降临的时候，阿里在一盏路灯下摊开他买来的书。读了两小时后，他开始犯困，打起哈欠。不知不觉中，他合上双眼，进入了梦乡。

案 例 分 析

1. 阿里认为人生最大的幸福就是自由支配自己的时间，想干什么就干什么。现实生活中是这样的吗？

2. 分析阿里是如何支配自己的时间的。

# 第一节　休闲文化概述

## 一、休闲文化的概念

休闲文化是人类生活的一种重要特征。它不仅是一个国家生产力水平高低的标志，而且是衡量社会文明的尺度，是人的一种崭新的生活方式、生活态度，已成为全社会关注的领域。在飞速发展的时代面前，人们的价值观发生了新的调整和变化。

休闲文化是人们在休闲活动过程中了解、鉴赏、体验得到的文化综合，是将人类的休闲生活作为一种文化现象来加以分析时所包含的物化因素与精神因素的总和。休闲文化是指人在业余闲暇时间，经过充分自由选择和纯粹兴趣所致，用于自我享受、调整和发展的观念、态度、方法和手段的总和。

休闲学者马惠娣认为，从文化角度看休闲，是指人在完成社会必要劳动时间后，为不断满足人的各方面需要而处于的一种文化创造、文化欣赏、文化构建的生命状态的行为方式。

---

**相关链接**　🔍搜索

### 休闲与"谋生"

休闲作为一种文化，是社会物质文明和精神文明的结晶，是人类社会传统文化的继承和现代文明的创造。它是以个人的文化修养为背景，以探求和享受文化生活为目的，以获得现实生活中个人心理的满足、精神的愉悦、身体的健康为目标的生命活动过程，而不是"谋生"过程。

---

## 二、休闲文化的本质

将休闲上升到文化范畴的休闲文化是指将休闲看作为不断满足人的多方面需要而处于的文化创造、文化欣赏、文化建构的一种生存状态或生命状态。具体来说，休闲文化包括以下几个方面的思想：

（1）休闲是一种社会标志和社会制度。美国经济学家凡勃伦试图从休闲与劳动的关系出发，揭示休闲的本质与工作、政治、经济等社会活动和价值观之间的关系。休闲是社会阶层的标志，休闲是公民的社会权利。

（2）休闲是人的生活方式和生活态度。法国休闲学者杜马哲迪尔（Dumazedier）认为，休闲的本质和目的是心灵能够体验的自由感。人们在业余闲暇时间，经过充分自由选择和纯粹兴趣所致（超越一般功利目的，如钱、权等）用于自我享受、调整和发展的观念、态度、方法和手段的总和。

（3）休闲是"人类美丽的精神家园"。瑞典哲学家皮普尔认为：休闲不仅仅是心灵上的，更应该是精神上的态度和灵魂的状态，"我们唯有能够处于真正的闲暇状态，通往'自由的大门'才会为我们敞开，我们也才能够脱离'隐藏的焦虑'之束缚"。美国休闲学专家杰弗瑞·戈比认为："休闲是从文化环境和物质环境的外在压力中解脱出来的一种相对自由的生活，它使个体能以自己所喜爱的、本能地感到有价值的方式，在内心之爱的驱动下行为，并为信仰提供一个基础。"

## 三、休闲文化的结构

### （一）精神文化层面

精神文化层面的休闲文化，最核心的就是休闲观：人们对休闲的总的看法与基本观点，包括休闲价值观、休闲态度、休闲偏好等。

（1）休闲理论。关于休闲的一切研究，包括休闲价值、休闲技能、休闲经济、休闲教育等。成熟的休闲理论是休闲高度平民化、社会化的标志。休闲学、休闲社会学等在发达国家已经成为成熟的理论学科，受到广泛重视和研究。

（2）休闲意识。人们关于休闲的基本认识与看法，是低层次的休闲认识。

（3）休闲心理。人们对休闲的一般心理倾向。大众心理一般又被称为群体无意识，是指群体的潜在意识。

## （二）器物文化层面

（1）休闲制度。包括休假制度与相关的福利制度等。例如，带薪休假制度。现代社会越来越把休闲视为劳动者的基本权利。

（2）休闲设施。包括私人休闲设施与公共休闲设施（空间）。公共休闲设施的水平，是衡量一个社会休闲水平的重要标杆，也是公民休闲福利的重要组成和表现。

（3）休闲技能。与休闲方式密切相关，是休闲行为的物化表现。休闲技能与休闲水平相关，也是衡量个体休闲质量的重要指标。

（4）休闲结构。不同社会、不同环境下，人们的休闲活动构成这个社会的休闲结构。另外，个体的休闲结构也是重要的研究领域。

## 四、休闲文化的类型

（1）闲聊消遣型。主要包括亲朋好友间的无固定主题的聊天漫谈、玩笑逗乐，其中最常见的就是喝茶聊天或喝酒聊天。

（2）旅游观赏型。主要包括动态的旅行观赏（自然景观、人文景观和各类专题知识展馆）、静态的影视、网页等观赏以及现场的歌舞、戏剧、体育表演等观赏。

（3）游艺娱乐型。主要包括各类游戏、游艺活动，群众性的各种文化、艺术、娱乐活动以及非竞技的体育锻炼、保健活动。

（4）竞技博弈型。主要包括各类公开的大众化的体育比赛、各种趣味性的技艺比赛、某些挑战人类身体极限的非专业的探奇冒险活动以及各种门类的棋牌博弈活动。

（5）虚拟互动型。主要包括通过互联网、手机、互动电视等现代信息传输手段所进行的各种具有互动特征的休闲娱乐活动。其中网上互动的形式最为常见。

（6）求知探索型。主要包括主体在业余或课余时间对人类已知的各种知识、技能的学习，对未知世界奥秘的思考、探寻、求索。通常表现为因兴趣所致的各类读书、交流、研讨活动。

# 第二节　中外休闲文化

众所周知，我国在 1995 年就提前 5 年实现了国民生产总值比 1980 年翻两番的目标，又在 1997 年提前实现了人均国民生产总值比 1980 年翻两番的目标，到 2000 年我国人民的生活总体上达到小康水平；现在我们已经进入全面建设小康社会的新阶段。从 1995 年 5 月 1 日起，全国机关、团体和企事业单位普遍实行每周 5 天工作制。1999 年又实行春节、"五一""十一"长假日，人们开始有三分之一以上的时间在闲暇中度过，休闲成为一种时尚，并由此使人们的日常生活结构、社会结构、产业结构以及行为方式和社会建制变化，它意味着人们有三分之一的时间将在闲暇中度过。整个社会休闲质量的高低，将直接影响社会的全面进步，影响人能否完整、全面、健康地发展自己。特别是在 1996 年党的十四届六次全体会议上通过的《中共中央关于加强社会主义精神文明建设若干问题的决议》，提出了有关思想道德和文化建设的若干重要问题，积极发展社会主义文化事业，满足人民群众日益增长的精神文化需求，对于提高民族素质，促进经济发展，具有极为重要的作用。

## 一、中西方休闲文化对比

尽管休闲是人类普遍的生理需要和娱乐活动，但受到经济、文化、地理、艺术、宗教、历史等因素的影响，中西方休闲文化的特点也大不相同。

### （一）西方休闲文化的主要特点

（1）休闲研究的历史悠久。

（2）休闲价值观主要侧重于休闲对个人发展的影响，如体能、智力、心理、人格等，具有浓厚的功利主义色彩。

（3）休闲被视为公民的基本权利。

（4）休闲方式多样化与休闲经济十分发达。随着环境问题、人口问题、全球化的影响，休闲转向个人体验与绿色体验。

### （二）中国传统的休闲文化

（1）儒家休闲观是自适、独善其身、中和的人生境界。它主要表现为：安贫乐道的自适情怀、独善其身的生存法则、中和为美的悠游之道。儒家注重的并非外在的物质感官的享受，而是注重精神德行愉悦的休闲方式。休闲对于儒家个体而言，是一种自适自得、自娱自乐的人生境界。独善其身的休闲之道，主要有两种方式：其一是"立言"。古代士人有"太上有立德，其次有立功，再次有立言"的"三立"理想。其二是隐逸，是一种文化性、精神性的隐逸。《中庸》云："致中和，天地位焉，万物育焉。"所谓"致中和"，从哲学意义上讲，包含人格精神的和谐、人与人的和谐、人与自然的和谐。

（2）道家休闲思想。道家休闲观是无为不争、回归自然、逍遥自在的人生境界。老子提倡"自然无为"，"无为而无不为"。道家的休闲方式趋于隐逸，不问世事，即"知足""知止"和"回归自然"。老子说："祸莫过大于不知足，咎莫大于欲得。故，知足之足，常足矣。"相对于老子，庄子学说则主要是指向"自在逍遥"。庄子的"逍遥"指的就是悠闲自得的人生状态，就是摆脱一切主观的限制和束缚，实现真正的精神自由的极致休闲。在庄子看来，人要获得休闲的极致状态，就必须超越形骸、功名的束缚，达到"至人无己，神人无功，圣人无名"的逍遥之境。这种逍遥自在的悠闲状态，是从是非、虚实、善恶、内外、物我、生死的区别中超脱出来，达到"天地与我并生，万物与我为一"的物我两忘的"齐物"之境。

（3）民间休闲文化传统。民间休闲是农闲时的憩息与节日休闲，农耕文化成为中国文化的根文化。中国民间大众的休闲文化具有明显的自然特性和节律。民间休闲文化传统，第一个特征是强调实用；第二个特征是祈福娱神、祭祖拜神。

## 二、"鲜艳"的时间、"单调"的外衣

在中国，虽然大部分人都认可"周末的主要意义在于休闲娱乐"，但是75%的受访公众都对周末生活表现出"不好不坏、平平淡淡"的感觉，60%的人在谈及业余生活的质量时，也流露着"一般"的态度。本是充满了自由新鲜色彩的业余时段，却被罩上了"单调"的外衣。

---

**案例**

### 工作与休闲

一

31岁的奥利弗是德国麦肯锡顾问公司的高级顾问。由于工作关系，他每年有1个多月的时间在中国度过。虽然时间不长，但对于中国老百姓的休闲方式，他却如数家珍，如卡拉OK、请客、打牌等。不过，在他的眼中，很多人的休闲方式可以说"休得越贵族感觉越好，闲得越流行越快乐"。特别是一些经济实力还不强的年轻人，往往不顾自己的实际情况及兴趣爱好，今天流行打高尔夫球，节衣缩食几天也要带上朋友去打上几杆；明天流行蹦极，就算有恐高症，也要争着去出一回风头。

奥利弗觉得，中国有很多高雅的休闲方式，如琴棋书画、观花养鱼等。在休闲中，如果人们也能选择静态的休闲，会使自己平日紧张繁忙的生活多一个缓解的空间、多一片思考的天地。

二

睡个懒觉，起来后收拾收拾屋子，中午去父母家吃顿饭，回家继续睡觉，吃完晚饭后看看电视，周末的一天就这样过去了。周日也差不多：打扫卫生，去超市采购，偶尔时间充裕再去逛逛街。张先生是一名律师，他的周末就是在这样的平淡中度过的。"没有什么特别的事情，感觉时间过得很快。"他告诉记者，"对我而言，周末不过就是休息和陪伴父母。"而对于爬山、健身、逛公园这样的休闲方式，张先生连连摇头，认为自己根本没有时间和精力来"应付"这些。

张先生这种过周末的方式，在国人中不算少见。"工作忙碌、压力大"是不少人无法享受休闲生活的最大原因。在4493名参与调查的公众中，60%的被访者一提到周末，第一反应就是"单调乏味、无所事事"或者"好好休息、补充睡眠"。

三

在杭州一家中法合资企业担任业务总监的法国人贝拉，对杭州的印象很不错。在中国，她最喜欢的休闲活动，就是清晨或晚间在西子湖畔慢跑。

贝拉认为，很多中国人的休闲方式太注重吃喝。一些节日和朋友的聚会成了吃喝的代名词，每家的餐桌上都堆满了肉、蛋、鸡、鸭、鱼等食品。亲朋好友间还要频频敬酒、斗酒。为了使对方多喝酒，敬酒者会找出种种必须喝酒的理由；若被敬酒者无法找出反驳的理由，就得喝酒。这样，吃饭时的闲聊减少了，减少了增进感情的交流。

同时，她观察到，很多人一放假便没日没夜地打牌、上网聊天、看电视等。所以，有的医院一到星期一，吃坏肚子、玩坏身子的病人便格外多，医生们不得不为这些病人起了一个很形象的名字——"假日综合征"患者。

四

意大利每年最长的假期是在夏天的8月份，在基督教的圣母升天节（Ferragosto）前后。这个时候的意大利，除了少数轮休的人在工作外，大部分人都逃出城市去乡村和海边度假了，比如罗马就一下子成了一座空城。

相反，很多中国人却在休闲时把自己安排得很忙，失去了休闲本身的意义。中国人不像罗马人那样想得开，一到假期便锁了家门，携了妻眷，关了手机，留下一座空城，潇潇洒洒地去度假。中国人即使在度假也还是想着工作，好像缺了他们，经济便不会发展，在饭桌上用手机交代工作是身份和地位的象征。所以旅游远了怕这边出了什么事情飞不回来，近了又觉得像在卧室散步，毫无情趣。

五

在柏林，仅博物馆就有180多家，图书馆也有200多家。而在中国，这样的公共文化休闲场所还是太少。调查数据也反映了这一点：在问到公众喜欢在什么样的地方打发业余时间时，35%的人选择了"家里"，还有14%的人选择了"商店"。

除了工作压力大，休闲场所不足等因素之外，国人休闲方式单一也是造成业余时间枯燥紧张的原因之一。调查显示，34%的人选择看电影作为放松休闲的方式，20%的人闲下来去唱唱卡拉OK。但与此同时，93%的人承认自己平时根本不听音乐会或看话剧演出。

——资料来源：夏平. 如何善待工作之外的1/3 [J]. 信息导刊，2005.

**案 例 分 析**

1. 分析生活中休闲的重要性。
2. 分析工作与休闲应该如何和谐同处。

## 三、理解休闲：工作是手段 休闲是目的

有资料表明，2015 年前后，发达国家将进入"休闲时代"，休闲将成为人类生活的重要组成部分。物质财富的满足将让位于人们追求充实的精神生活。

对于我国休闲问题关注最早的是著名学者于光远先生。他曾做过这样的描述："人喜欢有更多的时间由他自己支配，不带任何勉强，不把它视作谋生所必要，因而这种活动虽不属于休闲的范围，但从本人来说会感到更多的兴趣……休闲活动比上面说的那些活动更为轻松，它没有什么任务要完成，带有一种享受的味道。"

他认为："休闲"是生产力发展的根本目的之一，闲暇时间的长短与人类文明进步是并行发展的……过去人们把休闲当作工作之后排除疲劳、缓解压力的一种手段，而不是目的，而现在的观念却是工作是手段、休闲是目的。发展社会生产力就是要让人们拥有更优越的生活条件和更多的闲暇时间；人们工作的目的是：在生活水平提高后，拥有更多的闲暇时间来更充分地享受休闲。

美国研究休闲的学者杰弗瑞·戈比教授说："最初，休闲仅被视作让人们在紧张的工作后得到恢复的一个办法；后来，休闲成了人们寻求快乐与地位的一种手段；当然，也许休闲最终会成为人们追求生活意义的一种活动。"他对休闲所下的定义是："休闲是从文化环境和物质环境的外在压力下解脱出来的一种相对自由的生活，休闲能使个体以自己所喜爱的、本能地感到有价值的方式在内心之爱的驱使下行动，并为信仰提供基础。"

休闲时代是社会文明高度发展的产物。首先，它必须有强大的物质基础（强大的综合国力）为依托。发达的经济将更加以人为本，休闲、娱乐活动、旅游业将成为下一个经济大潮，高技术和其他发展趋势可以使人生命中的 50% 的时间用于休闲。杰弗瑞·戈比教授分析说，在稍后的几年，休闲的中心地位会进一步加强，人们的休闲观念将发生根本的变革；在经济产业结构中，休闲产业的从业人员将占整个社会劳动生产力的 80%~85%；休闲服务将从标准化和集中化转向个性化服务，人们对休闲与健康之间的关系倍加关注。

## 四、沉思感悟：善待生命的"后花园"

休闲是社会文明进步的结果，是人们在满足基本生活需要之后，追求和进入人类自由发展与享受需要的更高层次。多年来，"休闲"这个词语一直躺在厚厚的词典里。人们有时提起它，却极少去享受它。尤其在温饱还没有解决的年代，休闲对于我们来说过于奢侈。改革开放使人们的生活水平有了很大提高，也使人们的生活观念和生活方式发生了变化。休闲文化，正在走进人们的生活。

有人把休闲看作"生命中一个绿色的后花园"。在人生这个充满较量的舞台上拼搏得精疲力竭的时候，总要找一个休憩的地方，享受轻松惬意和生命中原本的精彩与快乐。林语堂先生说过这样一段话："消闲生活并不是富有者和成功者独享的权力，而是一种宽怀心理的产物……这种心情由一种达观的意识产生。享受悠闲的生活是不需要金钱的，有钱的人也不一定能真正领略悠闲生活的乐趣……他必须有丰富的心灵，爱好简朴的生活，对于生财之道不放在心上。"

目前，我国全年国家法定节假日（含周末）共有114天。这表明了我国已融入整个国际休闲文化的背景中，特别是中国加入世界贸易组织之后，不仅促进了休闲、休闲产业、休闲经济的发展，而且带来了新的休闲观念。当然，从政府正在出台的政策以及新的产业布局的调整中，可以看出休闲文化、休闲产业、休闲经济的社会条件支持系统正在逐步建立和完善。

# 第三节 娱乐经济与娱乐产业

**案 例**

### 横店影视娱乐产业

横店影视城，位于中国浙江省金华市东阳市横店镇，为国家5A级旅游景区，距杭州160公里，处于江、浙、沪、闽、赣4小时交通旅游经济圈内。1996年以来，横店集团累计投入30亿元资金兴建横店影视城，现已建成广州街、香港街、明清宫苑、秦王宫、清明上河图、梦幻谷、屏岩洞府、大智禅寺、明清民居博览城等13个跨越几千年历史时空，汇聚南北地域特色的影视拍摄基地和两座超大型的现代化摄影棚。已成为目前亚洲规模最大的影视拍摄基地，被美国《好莱坞》杂志称为"中国好莱坞"。在2004年4月2日，中国唯一的国家级影视产业实验区——浙江横店影视产业实验区在杭州授牌。

浙江横店集团是从传统制造业巨头转变产业结构发展文化创业的成功案例。集团以大文化手笔打造影视产业链，走出了一条以影视促旅游，带动其他服务业全面发展的"横店"之路。横店集团的主要做法中，让我感受最深的是集团领导层敢于花巨资发展文化产业，持续地投入影视拍摄基础设施建设，形成了规模大、功能齐、集聚高、要素全、辐射强的国家级影视产业实验区，实现了结构调整、产业升级、经济发展、社会和谐的华丽转身。

### 案例分析

1. 在文化创意产业兴起的时代背景下，横店作为中国影视文化产业集群发展的一个样本，确实值得仔细研究。到底是什么能在市场的大浪淘洗之后真正闪耀金光呢？横店的发展模式能为中国影视文化产业集群发展带来什么启示？

2. 浙江横店集团是从传统制造业巨头转变产业结构发展文化创业的成功案例。其带来的经济优势有哪些？

## 一、娱乐经济的概念

娱乐经济（Recreation Economy）是社会发展到一定阶段产生的一种经济形式。最早进入后工业社会的国家以美国为代表，随着新兴工业化进程的加快，后工业时代即将到来，娱乐元素悄悄地注入，娱乐产品形成产业链，娱乐经济方兴未艾，娱乐经济学呼之欲出。在美国洛杉矶，"娱乐"就是一切，当地充斥着各种娱乐活动，从电视频道到百万巨制的好莱坞电影等，就连新闻媒体也普遍出现新闻"娱乐化"的现象，这都是娱乐经济繁荣的体现。

## 二、主要特征和基础

美国未来学家格雷厄姆·莫利托在《全球经济将出现五大浪潮》一文中指出，娱乐经济具备以下几个特征：①生产力高度发展，人类社会信息化；②娱乐经济产值将占GDP的50%以上；③人们对购买物品的态度、观点和行动方式将发生根本的变化；④提供奇遇和冒险的行业将尤为繁荣兴盛；⑤娱乐经济的核心是创造内在体验。

娱乐经济起始于近年来美国人对娱乐休闲的需求。娱乐经济作为大众商业文化的产物，也是一个十分大众化的娱乐体验活动，它的产生和发展有其现实条件：①人的社会属性是娱乐经济产生的内在因素，需求上升规律是娱乐经济发展的内在因素；②生产力水平的提高为娱乐经济提供了日益充分的物质和时间条件；③消费者收入和素质的提高，为娱乐经济的发展提供了购买条件与发展空间；④世界各国及不同地区、不同民族的文化交流推动了娱乐经济的发展。

## 三、娱乐产业失范休闲类型

失范休闲（Deviant Leisure）描述的是缺乏正面意义的、消极的自由。在都市化的过程中，社会快速变迁，传统规范丧失了约束力，社会处于无规范状态，个人的欲望无法受到社会适当的节制，因此休闲中的失范行为（Deviant Behavior）较多。用金钱和过度消费量来衡量生活的一切价值，是失范休闲产生的根本原因。娱乐产业失范休闲的类型主要有：炫耀性休闲、强迫性休闲、成瘾性休闲、颓废性休闲等。

### （一）炫耀性休闲

炫耀性休闲指人们通过物质消费进行休闲，追求奢侈豪华，消费过度攀高，为自己获得某种"包装"与"面具"，其目的已不在于满足自身的正常的物质和精神需要，而是把休闲当作一种标志与象征，炫耀自己的富有、身份、地位、成功与所谓的品位。例如，一些旅游者乘豪华邮轮、客机，穿名牌服饰，住五星级宾馆，在高档餐厅就餐，购买奢侈品。在他们眼里，似乎只有金钱的支出大大超越其他休闲者，才能给自己带来自尊与优越感，产生休闲的快乐，甚至有一种自我实现的"高峰体验"。实际上，他们的休闲消费行为已经异化了。

美国经济学家凡勃伦认为，有闲阶级起源于工业革命以前的纵欲主义文化或掠夺性文化传统。这种文化认为积极创造价值的劳动是毫无意义的。由此，导致道德堕落和纵欲无度的颓废心理。长期以来，休闲成为被用于作为证明人的地位和声望的一种手段。在许多发达国家，过度消费已经成为不少人以一种你超我赶的方式寻求物质财富的无聊炫耀。

### （二）强迫性休闲

强迫性休闲是指反复的，而且经常是过度的休闲行为，以此来摆脱压力、焦虑、沮丧、苦闷或无聊。强迫性休闲是一种持续的行为，注重的是休闲的过程而非结果，期望在自我陶醉或麻痹中忘记一切，借以逃避现实。比如酗酒，其结果往往是"借酒消愁愁更愁"。由于现代城市生活压力增大、竞争加剧，人们的心理及情绪失衡的概率越来越大，此种休闲行为表现出有增无减的趋势。

### （三）成瘾性休闲

成瘾性休闲是指对某种休闲方式或行为在生理上和心理上形成依赖。当休闲者以任何一种休闲方式或行为来缓解某些问题或满足某些需要的程度达到极致时，都可以看成是成瘾。成瘾性休闲在现实生活中最常见的有网络成瘾、赌博成瘾等。如现在人们日益关注"网络成瘾"问题，成瘾者（特别是青少年）沉迷于网上聊天，影响了正常的工作和学习。

#### 1. 成瘾性休闲的特征

一般来说，按照以下标准，有5项以上符合就可以基本判定为"成瘾"。

（1）会全神贯注于某项活动，并且在活动后继续想着活动的情形。

（2）觉得需要花费更多时间在该活动上才能得到满足。

（3）曾努力过多次想控制或停止该活动，但并没有成功。

（4）当企图减少或停止时，觉得沮丧、脾气暴躁。

（5）该活动花费的时间比以前想象的要长。

（6）为了该活动甘冒危险。

（7）曾向家长、朋友等说谎隐瞒从事该活动的程度。

（8）从事该活动是为了逃避问题或释放一些情绪，如焦虑、孤独等。

#### 2. 成瘾性休闲的影响

上瘾行为与年龄、性别、休闲活动内容、人格、智商等有关系。例如，暴力游戏、色情及灰色信息等内容更容易使休闲者成瘾；上瘾行为与孤独、抑郁、社会退缩等人格因素有关。此外，国内对大学生上网成瘾的调查显示，网瘾与"卡特尔16种人格因素测验"（一种用于人格测验的工具）中推理能力和支配性有关，显示大学生网瘾者智力水平相对较低。

（1）心理方面的影响。上瘾者对某项休闲活动有一种难以控制的强烈需要或冲动，这种冲动使其不能从事别的活动。其注意力不能集中和持久，记忆力减退，对其他活动缺乏兴趣，为人冷漠，缺乏时间感，情绪低落，消极悲观，孤独退缩，丧失自尊和自信，失去朋友等。例如，有研究人员对1.7万名上网者进行调查，10%的人表示，如果一段时间不能上网，就会感到空虚，无所事事；高达30%的人承认，上网已经成为自己逃避现实、寻求解脱的重要手段。

（2）身体方面的影响。上瘾者沉溺于休闲活动时非常兴奋，能量过度释放，以致不能维持正常的睡眠周期。在停止该休闲活动时，会出现失眠、头痛，注意力不集中，消化不良，恶心厌食，体重下降。

（3）行为方面的影响。上瘾者为了某项休闲活动，置工作、学习于不顾，为了得到金钱而撒谎、违法，丧失人格和自尊，造成人格或品行障碍。有专家指出，沉湎于声色或者网络等休闲活动可能会引起孤独和抑郁，造成对朋友和家庭的冷淡，也可能会引起盗窃、用假支票、攻击性反社会行为等。

### （四）颓废性休闲

颓废性休闲是指把钱财用于既有害于休闲者本人身心又直接或间接造成社会危害的休闲行为，是一种没落的倒退性行为。近年来，社会上嫖娼、赌博、酗酒、吸毒、求神拜佛的行为有上升势头。一些人致富后不思进取，不讲奉献，尽情挥霍，放纵自我，在灯红酒绿、纸醉金迷的生活中打发时间。

## 四、娱乐经济的发展

娱乐与传媒联姻合作，使得娱乐经济备受关注。"传媒理论宗师"马歇尔·麦克卢汉曾经提出"地球村""凉传媒"与"热传媒"等著名概念，提出传媒是"人的延伸"，"媒介（体）即信息"等著名论点，还提出"媒介（体）即按摩"。他认为，真正的社会教育者在传媒界而不在传统的学校和教会。媒介通过提供轻松的视听享受的形式教育人，甚至改变人。媒介的力量首先是与人耳目，给人以快感、刺激，形成自觉接触习惯，这是对传媒本质的深刻揭示。国外把媒介视为娱乐性经济，国内电视节目的娱乐功能越来越显著。媒介消费是一个自觉享受过程，而不是接受宣传灌输的过程。传播产业是影响力经济，娱乐是发挥影响力的前提和基础，娱乐因素使消费者成为愉悦的过程，是产生影响力的必要条件之一。近几年，欧美经济衰退，技术操作、资讯对人们的价值判断意义减少，替代性满足上升，娱乐需求激增，新闻节目惨淡经营，退出黄金时段，真人秀、百万富翁等娱乐、游戏、影视剧风靡世界。传媒业20%的产值在新闻节目，80%的产值在娱乐节目。在美国洛杉矶，"娱乐"就是一切，从电视频道到百万巨制的好莱坞电影，就连新闻也出现"娱乐化"的倾向，陷入"拳头+枕头+噱头"的程式，用娱乐节目托起新闻节目，打造黄金平台。

## 五、娱乐经济对世界的影响

据美国学者预测，休闲、娱乐、旅游业将成为下一个席卷全球的经济大潮。事实上，1998年游戏产业已超过电影和影视录音制作业，成为美国第一大娱乐产品，2000年全球数字娱乐业已超过传统娱乐业，日本经济的1/5由数字娱乐业创造；韩国数字娱乐业增长率达40%，成为韩国支柱性产业，成功带动韩国经济走出低谷。近几年来初尝商业运作硕果，一些产业如电视、网络、体育、旅游也正在实施娱乐化战略。

娱乐经济是否会成为又一个泡沫经济？判断一个产业是不是泡沫现象，主要看两点：一是产业盈利模式是现实的还是虚拟的；二是盈利回报是否高估，投入本身与市场价值相差是否太大。报纸、杂志、广播、电视、电影等传媒有现实的盈利模式，有较高的产值，是中国最后的暴利产业。在一些发达国家，与娱乐业结合的传媒业早已成为市场规模巨大、利润回报丰厚的产业部门之一。传媒，不仅意味着舆论导向、社会责任、影响、声望、文化、权威，而且意味着巨额财富。美国《商业周刊》评选出的美国 500 家大企业中，仅传媒业中的报业公司就一直占据着 20 多个名额。20 世纪 90 年代以来，许多高科技企业从财富 500 强中落选，传媒集团纷纷挤进来。不仅如此，财富 500 强中许多企业利润增长点的相当比重来自下属的娱乐公司和传媒公司业务，例如通用、索尼、松下、百事可乐、西屋、三星、美国在线等。

 **复习与思考**

### 一、 名词解释

休闲文化　娱乐经济　失范休闲

### 二、 选择题

1. 休闲文化的类型包括（　　）。

A. 闲聊消遣型　　　B. 旅游观赏型　　　C. 游艺娱乐型　　　D. 竞技博弈型

2. 娱乐产业失范休闲的类型主要有（　　）。

A. 炫耀性休闲　　　B. 强迫性休闲　　　C. 被动性休闲

D. 成瘾性休闲　　　E. 颓废性休闲

### 三、 简答题

1. 娱乐产业失范休闲类型有哪些？

2. 对比中外休闲文化的异同点。

3. 现阶段我国的休闲活动的开展存在哪些问题？

4. 你是如何理解休闲文化的？针对休闲文化的提升谈谈你的看法。

5. 你认为网络在休闲活动中扮演着怎样的角色？

6. 以你所在的城市为例，简述其休闲文化系统的构成，并根据你对本章知识的学习，针对其休闲文化的提升提出意见或建议。

### 四、案例分析

#### 日本女性休闲新去处——寺庙

传统上，即使是平常人家的日本女性，在清闲时也乐于到佛寺住几天。日本古代的妇女不工作，如果不需要做家务，生活往往百无聊赖。日本的佛寺多在风景秀丽之处，休闲加上香是她们生活中的一大乐事。不过，她们到佛寺中住宿，通常是免费的。这是因为日本的佛寺还有一个功能就是墓地。很多家庭的数代祖先都葬在一个寺庙的墓地之中。这些家庭与佛寺形成了一种固定的关系。为了拜托和尚照顾好先人，这样的家庭对佛寺布施非常慷慨，在今天也动辄百万日元。

不过，今天更多的佛寺开始对外开放住宿，比如静冈县新城市的凤来寺，大阪的常光圆满寺，都以这种兼营服务做得很好而著称。来住的客人中，除了为增长见识做"修学旅行"的旅客外，则以白领女性居多。

在这种佛寺中住宿的女性，有一些会坐禅上香，更多的则是做寺院的客人。她们喜欢佛寺远离尘世的气氛，寺院对她们的行为也不做过多限制，如同旅馆对旅客。自然，收费也是当面锣对面鼓，童叟无欺。

那么，住在庙里，费用几何呢？让我们拿京都的仁和寺做个例子吧。住宿一天的价钱是9500日元到14000日元不等，依季节而定。最贵的时间段，一个是假日，一个是樱花、梅花开放，秋叶泛红的时候。若赶上两者相叠，价格自然也就更高。房间是糊了纸窗格，有榻榻米的传统日式禅房，很有古意。然而，也提供电视、冰箱、空调、电话、浴巾等，也可以在寺里吃僧斋（日本的僧斋不禁荤腥），当然要另外加钱。除了梵音阵阵以外，和住酒店没什么不同。唯一不同的地方，大概就是负责招待的是和尚，会安排固定的僧侣与客人谈禅说法，毕竟来佛寺住的客人多半对佛法有些兴趣。

——资料来源：新华网.

根据以上案例，回答如下问题：

1. 你认为去寺庙能否成为日本女性休闲的新方式，为什么？

2. 在日本日趋成熟的女性休闲消费活动会对未来日本的休闲方式带来哪些变化？

## 📖 推荐阅读

1. ［美］托马斯·古德尔，杰弗瑞·戈比. 人类思想史中的休闲［M］. 昆明：云南人民出版社，2000.

2. 李仲广，卢昌崇. 基础休闲学［M］. 北京：社会科学文献出版社，2004.

# 第四章

# 休闲消费

休闲消费是休闲研究中的一个重要环节，其研究重点并不完全是从经济学角度出发，而是侧重于人的休闲情趣、休闲行为、休闲心理的变化规律，以及由此与经济所发生的联系。休闲消费的提出，其本质上是对日益兴盛的"消费主义"思潮的一种反叛。它倡导消费的合理化和适度性，并在其中寻找存在意义的命题。因而，在西方出现了不以财富多寡作为评判富有者标准的观点。休闲消费更强调人的自由感、从容感。

本章的主要内容是以休闲消费为核心，阐明休闲消费的基本理论及其社会价值论；休闲消费是整个消费社会和消费经济的动力所在，也是整个休闲产业和休闲经济的动力所在。由此可见，休闲消费既是一个经济问题，也是一个社会转型问题。

## 学习目标

### 知识目标

1. 了解作为消费与休闲共同生长土壤的福特主义。
2. 了解消费、生产、休闲三者在经济运行中的关系。
3. 了解休闲消费的特点。

### 能力目标

1. 掌握休闲消费、休闲产业、休闲经济的概念。
2. 掌握休闲消费的特征和休闲消费的社会价值论。
3. 能够运用所学知识分析休闲消费对休闲经济的发展起到的重要作用。

案例

## 2014 宁波休博会：全民休闲亮点多

作为 2014 年宁波购物节主要商贸活动之一的中国（宁波）休闲博览会（以下简称：宁波休博会），于 8 月 8~10 日在宁波国际会展中心举行。展会期间正值炎炎夏日，"好吃、好喝、好玩，避暑就逛休博会"是展会现场的亮点。

### "大休闲"时代的平台

随着经济的快速发展，百姓生活越来越富裕，"全民休闲"呈快速发展的趋势。宁波作为经济发达城市，已经提前进入"全民休闲"时代。"去哪玩儿""去哪吃"成了人们关注的话题。因此，在大需求的背景下，休闲方式的多样化衍生出了"大休闲"的概念。

宁波休博会展出面积达 1.2 万平方米，内容主要涵盖休闲乡镇、特色园区、农家乐、休闲餐饮、原生态农副产品、休闲观光园、休闲用品、健身娱乐、儿童娱乐等板块，以"休闲娱乐、健康生活"为主题，引导市民选择健康的休闲方式。

### 休闲娱乐送到家

休博会提出了"避暑逛休博会，找吃、找喝、找玩"的主题宣传口号，"吃、喝、玩"是休博会的串联主线。为了实现"吃得好"的目标，展会组办方组织了 50 余家宁波独具特色的农家乐和餐饮企业集中展出。不仅如此，宁波主要休闲乡镇还将合力展出 100 多个休闲项目，如第一雪山、大堰漂流、梁弄垂钓等。把宁波的休闲娱乐搬到了市民的家门口。

### 项目多元化 优惠惹人爱

老少皆宜也是此次休博会的亮点之一。例如，展会上有儿童嘉年华、周末自驾游、避暑养老等项目。展会上活动内容丰富、形式多样，更重要的是惊喜不断，礼品多多。作为宁波购物节最重要的商贸活动之一，休博会组委会联合各参展单位为市民奉上了一份豪华"大礼包"，其中包括景区门票、餐饮优惠券等，市民朋友们可以到现场充分感受其中的乐趣和惊喜。

### 打造宁波市民"休闲消费超市"

据了解，为紧跟休闲产业的发展趋势，宁波市贸易局表示：今后的休博会将会引入更多的内容，如旅游路线产品、自驾游路线、动漫游戏等一系列服务项目，希望通过 1~5 年的努力，把休博会平台做大、做优、做强，为宁波市民打造一个全方位的"休闲消费超市"。

——资料来源：宁波江东区商贸局. 2014 宁波休博会：全民休闲 亮点多 ［EB/OL］.

中华网浙江频道，2014-07-31.

　　尽管休闲消费脱胎于有闲阶级的消费行为，它在当代的出现则是建立在普通的大众消费文化兴起的基础上，是当代人类消费行为的一种形态，从而具有改变工业社会固有消费范式的倾向。在休闲学中，我们关注的是为了谋生而进行的工作之外的闲暇时间，说到底是在贯彻一种生活的理念和态度，即如何更有效地提高人类生活的质量。由此，消费也就与休闲结下了不解之缘。

# 第一节　休闲消费的基本理论

## 一、休闲消费的概念

休闲作为一种现象古已有之。当然，古时的这一现象只发生在少数人身上，既不能形成社会规模，也不曾产生对休闲对象物和休闲服务的高需求，这是古代休闲的特点。现代意义上的休闲消费活动，无论在质或量上，都已发生了巨大的变化。

在当今社会，休闲消费活动要健康、顺畅地运行，必须要有相关条件的配合。首先，需要相关部门、相关产业对休闲消费活动的支持，调动其参与休闲消费的积极性。其次，需要政府主管部门及全社会对休闲消费活动的支持和健全的管理。最后，需要有一个内外协调的持续与稳定的政治、经济环境的配合，这些是休闲消费活动的外延条件。

本书对于休闲消费的定义为：休闲消费是以一定水平的社会、经济发展为依托，由休闲消费主体（休闲者）、休闲消费客体（休闲对象物）和休闲消费媒体（休闲产业）互为条件、相互作用所产生的多种现象和关系的总和。

## 二、经济运行中的生产、消费、休闲

一方面，消费是社会生活和经济运动中的一个重要环节，也是生产的唯一目的。消费，在工业化社会之前，是人类维持生存的根本性的生活过程。马克思曾说：消费不仅是使产品成为产品的最后行为，也是使生产者成为生产者的最后行为。另一方面，生产者生产出消费，是在生产创造出消费的一定方式的时候，是在生产把消费的动力、消费的能力本身当作需要创造出来的时候。马克思认为，消费是社会生产总循环过程中的一个相对独立的环节，没有需要，就没有生产，而消费则把需要再生产出来。他认为，人从出生的那一天起，每天都要以各种方式消费，不管在他开始生产之前还是生产期间。在这个基础上看待生产和消费的关系，应该得出这样的结论："生产为消费创造作为外在对象的材料；消费为生产创造作为内在对象、作为目的的需要。"因而"没有生产就没有消费，没有消费就没有生产"。正因如此，他高度评价具有广泛需要的人为"完整的人和全面的人"，把具有多种享受能力视作有高度文明的人的一个特征。

随着工业化社会财富的增多，现代货币市场的形成，"消费"的意义也在发生着变化。消费过程中的消费行为的整体，不仅成为构筑市场的符号，而且成为资本的作用对象。19 世纪中后期，有闲阶级以炫耀性的消费为其标志。凡勃伦在他的《有闲阶级论》一书中对此做了详细的描述，因为占有财富带来荣誉，对它的需求就没有界限了。富有的人想让他们的富有明显起来，他们是通过炫耀性消费、炫耀性闲暇和炫耀性浪费实现这一点的。凡勃伦以有闲阶级对待服饰的态度为例做了深刻的剖析：一件衣服在有闲阶级那里，已不是出于遮体御寒的需要，而是通过衣服"能够证明穿者的财力优厚、可以肆意消费以外，还证明他并不是一个需要依靠劳力来赚钱度日的人，衣着作为社会价值的一种证明的作用就会大大提高"。当然，他也注意到："随着他们表现方式上的改进，社会的其他部分也逐渐地有了相应的改进。"在把"有闲"看作一种生活方式的时候，"有闲"即有成就，所表现的大都是"非物质"式的产物。这类出于非物质迹象的"有闲"，是一些"准学术性"的或"准艺术性"的成就和一些并不直接有助于人类生活进步的处理方式方法及琐细事物方面的知识。这种消费方式在性质上是按照传统的礼仪标准与德行标准进行的对真善美的欣赏和享受，其主要特征是有闲，是一种悠然自适的有闲。在这个阶段，休闲消费已初露端倪。

## 三、福特主义：消费与休闲共同的土壤

20 世纪初的美国，新的资本家不断涌现，他们的家庭成员大都拥有公司的股份，或是继承并得到股息红利。工厂、商店或运输系统的劳动者则更多的是领取工资。从理论上讲，工资是由市场决定的，找工作的人越多，雇主付出的工资就可能越少，但如果工资太低就会导致经济衰退或萧条，人们可能就会没有足够的钱去购买生产出来的各种商品与服务。为此，福特在给美国家庭生产出大量各种家用汽车的同时也看到，如果付给工人的工资太低，他们就没有能力购买汽车，为了把汽车卖给一般的劳工家庭，就必须向工人支付较高的工资。这就是所谓"福特主义"出现的内在动因。

福特主义的生产方式不仅把管理者、设计者与执行者严格区分开来，而且把完整的生产过程划分为许多细小的任务。这大大提高了生产效率，使得批量生产成为可能。伴随着批量生产技术的引入，经济效益迅速提高，大规模市场的建立成为必需。按照凯恩斯主义的理论，只有批量消费，才能维持批量生产。这样，为了维持经济增长，政府不得不控制利润与工资水平，以确保经济增长所需要的条件。因此，福利国家在西方工业社会得到发展，越来越高的福利给工人提供的保护以及充分就业、某种程度的社会流动，暂时解决了福特主义的分配问题。这样，在福特主义时代，经济增长所带来的好处，通过收入水平、社会保险、职业与社会流动被平均分配了，因而创造了一个高度稳定的社会。

通常认为，福特主义发展模式依赖三大支柱：①泰勒主义的劳动组织方式，即设计者、管理者与执行者之间严格分离，这在 20 世纪初使得生产力迅速和持续发展成为可

能。②凯恩斯宏观经济学，即通过系统分配方式，把收入分配到不同的社会阶层，特别是工人，从而保证了购买力的提高，支持了批量生产所需要的市场的发展。③政府管理的社会民主模式，即集体商谈、社会立法和福利制度。这三大支柱相辅相成，有着内在的逻辑关系，为战后工业发达国家的发展提供了稳定的框架。

在宏观经济层面上，"福特主义"是以资本积累的良性循环为特征的：规模经济导致劳动生产率的提高，劳动生产率的提高使工资的提高成为可能，从而消费支出增大。这就是形成日后无限膨胀的休闲消费乃至消费主义的原初机制。从企业投资一方看，生产能力高效利用保证了高额利润回报，反过来又使投资和劳动生产率的提高成为可能。

在这一模式中，劳动生产率高的大规模生产和大众消费之间是相适应的，它是建立在劳动生产率的不断进步和收入水平持续提高的基础之上，并通过凯恩斯主义的需求调节和福利国家的社会保障得以支持。

福特主义的基本理论之一就是：大批量的生产意味着大众化的消费。为此，就需要把传统社区的公民培养成现代意义上的消费者。工资的增长和更便宜、标准化商品的增多也意味着，规模生产必将逐步导致大众消费时代的来临。当然，这也与广告业的发展、信用制度的出现和市场销售的增长有着密切的关系。不断扩大的公共部门和科学与管理的增长也极大地刺激了福特主义经济中服务业的快速发展。同时，一个休闲社会开始逐步出现，工人们以花费不断增长的工资和劳动外的时间，去充分享受属于个人的娱乐，购买私家轿车去度假，去收看各种新闻媒体的文娱节目，看电影和电视，或者干脆在家里休息等。

20世纪50年代以后，步美国的后尘，先是英国，然后是西欧其他国家都兴起了现代意义的大众消费模式。除一贫如洗者外，几乎所有的人都投入到了消费中。那些必须从事很多工作才能维持生活的人，开始想尽一切方式赚钱并应付日益增长的需求，如电视、汽车以及各种旅游等。并且在这个大量生产和大众消费的时期，人们开始有了选择，从名不见经传的洗衣粉到汽车、饮料、香烟、衣服和厨房设备等，广告为每一件东西塑造了品牌形象。

# 第二节　休闲消费的社会价值

休闲是人的基本需要之一。休闲需要的满足具有不同的形式和手段，它既包括采取消费支出形式，也可以用非消费支出形式，如游戏、散步、棋牌类活动等。当休闲需要是通过对某些产品、设施和服务进行消费，即以消费支出的形式来得到满足时，休闲活动就变成休闲消费。可见，休闲需要是一个比休闲消费更广的概念。休闲消费是伴随现代市场经济，尤其是过剩经济的出现才出现的。它是当代消费文化的一部分。

如今，休闲消费在社会经济运行中扮演着重要的角色，传统的消费形态正在发生变化。关注和研究休闲消费的本质关乎认识和揭示"发展的本质问题""社会的本质问题"以及"人的存在的本质问题"。

## 一、休闲消费的特征

对休闲产品、设施和服务的消费不同于对日常必需品的消费，前者具有一些鲜明的特征。除了休闲本身一般的特征外，不同的民族、阶层和群体在休闲消费方面也有不同的特点。下面仅就休闲消费的一般特征进行分析。

### （一）自目的性

休闲不同于纯功利性和工具性活动（如工作、做家务等），具有无功利性或自目的性。所谓自目的性，是指以自身为目的。休闲的自目的性指的是，休闲的游戏性和娱乐性，如同爱情、友谊、信仰、尊严、创造一样，本身就是人生的一个目的，值得人们去追求，而不需以其他功利为目的。

在现代社会，工作与休闲在空间和时间上分离成两个相互独立而又相互弥补的领域。但是，这两个领域所受到的重视程度是不同的。在物资匮乏的年代，工作、生产和经济系统受到高度重视，以致常常侵蚀了休闲领域。就个人来说，人常常为了一些工具性目的（如赚钱）而忘记了生活的根本意义，忘记了一些人本身值得追求的东西（友谊、尊严、情操、理想等）。因此，在一定意义上，对人的游戏和娱乐天性的扼杀是社会和个人不健全的体现。如果说，在物资匮乏年代休闲的被忽略还可以理解的话，那么，在过剩经济的条件下，对休闲的漠视就是短视。因此，随着经济条件的不断改善，休闲活动的"自目的性"应当得到足够的重视。反映在国家政策上，公民的休闲权应当受到重视并得到保障。不仅如此，由于市场在供应公共产品方面的短缺，国家和政府还应当为居民提供一些必要的福利性的休闲产品、设施和服务，并对这些非营利性的社会公共休闲产品、设施和服务进行社会营销。这种公共休闲消费，不仅是启动国内消费市场的问题，而且是社会发展的目的之一。

### （二）游戏性与娱乐性

休闲需要源于人们对游戏和娱乐的需要，具有游戏和享乐的特征。游戏和娱乐活动是人类最早的休闲活动。尽管在关于游戏的本质上存在多种理论观点，但可以肯定的是，游戏具有追求快乐的性质。因此，游戏与娱乐是联系在一起的。游戏与娱乐是无聊和沉闷的对立面，是对世俗生活的一种有益的补偿和解脱。

休闲产品和服务不同于一般日用产品和服务的地方在于，它是一种高度体验型产品和服务。消费者对这一类产品和服务有比对一般产品和服务更高的要求与预期，也就是说，他们不但有对休闲产品和服务的预期的功能或程序质量要求，而且有对这些产品服务的心理质量的要求（快乐和舒适的小型体验）。不过，问题的关键还在于，尽管同一休闲产品和服务的预期的功能或程序质量都很高，但对不同的消费者而言，其心理质量却是不同的。例如，对小孩来说是很开心、很好玩的休闲活动，对成人而言可能就是很没有意思的活动，因此，休闲产品和服务的心理质量与消费者本身的"休闲履历"（休闲经历和见识）是分不开的。因此，在休闲产品和服务的供应和营销方面，国外的一些休闲企业不但充分重视休闲的游戏性和娱乐性，而且根据消费者的不同的休闲履历以及相应的休闲目的，有针对性地供应不同的休闲产品和服务。

### （三）并非必不可少

休闲活动具有自目的性，但是，休闲消费却不同于日常必需品的消费，不具备"必不可少"的特性。为了说明这种特性，有必要将"休闲"（或闲暇）同"休息"区别开来。有些休息属于休闲（如看报、抽烟、喝茶等），但有些休息则是为生理所必需的人体恢复状态，如睡眠。睡眠就不属于休闲的范畴。休闲不同于生理性休息，休闲活动不具备"必不可少"性，它具有很大的弹性和伸缩性。更重要的是，休闲并不必然意味着消费，由休闲活动到休闲消费的转变是有条件的。也就是说，休闲消费的实现受到几种因素的制约。首先，当家庭可支配收入较低或减少的时候，人们往往会取消或减少休闲消费。其次，当人们工作繁忙的时候，常常会牺牲或减少休闲时间，以保证工作任务的完成。最后，当休闲供应不足，即缺乏所需的休闲产品、设施或服务的时候，人们往往取消休闲消费，而以非消费的方式进行休闲活动。

根据国外的经验，当家庭可支配收入达到较高的"生存过剩"水平的时候，"过剩"收入的一部分在一定的条件下就可能用于休闲消费。由于休闲消费的边际效用较日常用品更大，在收入不断增加的情况下，休闲消费是消费增长的一个主要领域。此外，政府还应主动进行公共休闲设施和服务的消费投资，并定期举行一些大型娱乐活动和事件，以吸引居民走出家门，进行休闲消费。

### （四）可替代性

休闲活动的一个重要特征就是可替代性。也就是说，由于休闲消费者追求的是快乐和闲适，而大部分休闲活动都可以达到这种效果。因此，各种休闲活动之间的可替代性较高。同时，休闲活动的可替代性又与休闲活动的自由选择性紧密联系在一起。这就意味着，当一种休闲活动进行选择遇到了某种障碍（如可进入性低、价格过高、安全系数低、服务态度差等）时，消费者往往会不再选择它，而改选其他休闲活动作为替代。

休闲活动的可替代性意味着休闲企业之间的竞争较为激烈。要在这种竞争中取胜，除了上面讲的通过创造符号附加值和心理附加值以吸引固定的消费者群体外，休闲企业还常常通过"方便化""优质化"和"合算化"等策略使所经营的休闲产品和服务成为一般消费者的首选，甚至是唯一的选择。所谓方便化，指的是使休闲产品和服务的消费变得十分方便和舒适，如具有较高的"可进入性"，即交通条件便利等；有较好的配套设施，如停车场地、洗手间、餐饮设施、休息场所、避雨或遮阳地点，甚至有些地方应有婴儿喂乳、换尿布的房间等。所谓优质化，就是使休闲产品有较高的质量。一是核心产品的质量高，使人觉得开心、尽兴、快乐，如电影院放映的电影好看、餐馆的菜好吃以及服务员的态度热情周到等；二是附加产品的质量高，如环境幽雅清洁、没有喧闹刺耳的噪声、没有污染和令人厌恶的气味、没有安全的担忧、各项配套设施齐全等。所谓合算化，就是使消费者觉得物有所值，即钱花得值。

### （五）时效性

许多休闲活动具有很大的流行性，也就是说，它们往往在一定的时间范围内流行，一旦超出了流行期，就失去了休闲娱乐的效果，并失去了大量的消费者。这种流行期效果，就是休闲的时效性。当然，我们不排除有些休闲活动（如围棋等）源远流长的可能性，但是，对于大部分休闲产品，如流行音乐、网络游戏、电视节目、时尚爱好等来说，其时效性和流行性是比较明显的。休闲产品的时效性意味着休闲产品的生命周期短、投资的风险大，因而在营销上具有相对较大的难度。

对于休闲企业来说，休闲的时效性决定了对休闲市场的准确判断的重要性。也就是说，要切实对各休闲消费者群体的休闲品位、风格和休闲方式的变化趋势有深刻的洞见和预见能力。这就是越来越多的大型休闲企业和公司越来越重视对市场进行科学的长期跟踪研究的原因。休闲的时效性还决定了休闲产品创新的重要性。由于休闲产品的生命周期短，休闲企业的经营者并不会坐等一个产品寿终正寝之后才去开发另一种新产品，而往往是居安思危、未雨绸缪，在某种产品处于鼎盛的时期就思考如何进行产品的创新问题。这种策略使这些企业始终走在其他休闲企业的前面，制造创新产品的时间差，从而走在休闲市场潮流的前列。

### （六）社会性

许多休闲活动的一个共同特征是社会性，也就是说，一起进行休闲的同伴是构成休闲活动吸引力的因素之一。例如，与家庭成员、恋人、朋友、同事等同伴一起进行某种休闲活动，恰恰是构成休闲体验的一个重要因素。人们常说的"酒逢知己千杯少"，就是与朋友一起进行休闲活动的特殊效果。在某些场合下，缺少同伴甚至是素不相识的同伴（如一起在足球比赛现场看球的球迷），会导致这些休闲活动失去应有的吸引力。因此，在进行一些社会性较强的休闲活动（如球赛、车赛、节庆活动）时，国外的许多休闲企业往往营造一种社会氛围，使休闲场所成为交往、集会和与人同乐的场所。例如，英国的酒吧就成为英国人在下班以后与朋友聚会聊天的公共场所。一旦有重大体育比赛，英国人便聚集在酒吧，边喝酒助兴，边与朋友共同观看电视转播。这种社会氛围是一个人在家里体验不到的。它反过来促进了啤酒和其他饮料的销售。英国酒吧业成功的秘密，除了文化传统的因素外，就在于它与社区结下了不解之缘，成为社区的公共休闲活动中心。诸如餐馆、酒店、咖啡屋、歌舞厅、按摩院、俱乐部等休闲场所，均在努力成为当地社区的一个公共休闲聚会的好去处。

## 二、休闲消费的社会价值论

休闲消费时代的来临，标志着人们已经从繁重的体力劳动中解放出来；标志着人们从满足现实的基本生活需要转向对精神生活的向往；标志着计划经济体制向市场经济体制转变的过程中，已由传统的生产—消费模式逐渐地转向消费—生产模式；标志着人们开始从有限的发展转向全面地发展自我的历史阶段。人的世界观、科学观、道德伦理观以及生活态度、生活方式都将发生深刻的变化。

休闲消费也是社会历史发展的必然逻辑。一方面，越来越少的社会必要劳动时间，越来越多的自由时间，为人们提供了越来越多的发展自我的可能性。人们再也不用把太多时间用于"稻粱谋"，而可以腾出更多的时间从事自己喜欢做的事，可以在更广泛的领域进行新的探索。另一方面，休闲消费可以促进社会整个系统做出一系列新的调整和适应，为发展每个社会成员的个性与专长提供必要的社会支持条件，诸如社会管理与服务等方面更人性化、人道化、个性化等。当然，工作也不再是人的唯一目的。休闲消费必然会带动经济的发展。从社会价值的视角，我们可从以下几方面来考察休闲消费。

### （一）休闲消费：表达个性，反映品位

休闲消费是生活方式的一部分，是消费生活的高级形态，是当代消费文化关注的重点：休闲消费虽基于传统的消费，但又不同于传统消费。休闲消费既包括对物质产品、文化产品的消费，也注重对新观念、新知识、新价值观的消费。休闲消费可以培养人的生活情趣，提高生活的品位和格调，使人获得自由与快乐，表达个性与自我的多方面的才艺，为每个个体具有多种享受能力拓展了空间。因此，休闲消费与满足生理需要的传

统消费存在本质的不同。

（1）从社会学的角度看，休闲消费更广泛地联结社会和文化有关的方面。它是经济生活、文化精神生活和社会生活的联结点。休闲消费不仅具有经济和产业经营的意义，而且具有文化和社会的意义。休闲消费生活向我们展示了"人们不但通过自己的'生产者'角色，而且通过'消费者'角色，与他人结成一定的分工、合作、交换和互动的社会关系"。休闲消费"不仅是经济学意义上的消费者追求个人效用最大化的过程，而且是社会学意义上的消费者进行'意义'构建、趣味区分、文化分类和社会关系再生产的过程"。

（2）从哲学的角度看，休闲消费是自由、教育与文化的维系，从而获得的一种内心世界的安宁、充实与快乐。休闲消费同知识与美德、愉快与幸福紧密相连，是通过节制行为、限制奢望和避免对世俗占有物的竞争，从而使人们在精神的享受中历经审美的、道德的、创造的、超越的生活方式。它强调以人为本的一种精神状态、一种生存方式、一种价值取向。

（3）从价值观的角度看，价值定义本身设定的两个事实，即"经济价值是基础，道德价值为目的"，将会有新的变化。因为，一旦源于经济价值的消费本身成为目的后，生命的意义再也不是单纯的物质享乐和身体的安逸了。生命的价值是和生命的整体意义相联系的。这个意义是什么呢？它是建立在情感、格调和品位之上的生命意义。这个意义就在于道德的价值，在于灵魂的规范性。透过休闲消费可以看到这一活动背后人的存在状态，促进人们重新认识生命存在的目的与价值。当然，不同历史阶段、不同群体、不同信仰、不同价值观、不同知识背景条件下，都会出现不同的休闲消费形态。

（4）从经济的角度看，休闲消费是人类社会经济进入一个较高级阶段才出现的一种行为，是人类休闲需要的高级形式，也是现代生活方式的内容之一。在经济发展水平较低、人们的温饱还没有解决的情况下，经济发展的首要目标是满足生存的需要。而到了现代社会，尤其是进入后工业社会，物质消费已经不再是一个主要问题，于是人们的消费需要又向高一层次进化。它从一个侧面可以反映出一个人的情趣、品位与格调。对一个国家来说，它可以反映出一个国家经济、政治、文化条件的变迁，休闲消费对国家宏观经济形势会产生重要影响。

（5）从行为学的角度看，休闲，作为人的一种普遍存在的行为方式，必然与经济和道德发生千丝万缕的联系。一方面，休闲可以被用来体验、娱乐、消费，支持有效的经济参与；另一方面，经济参与"购买"休闲，成为经济回报中的一部分。正是休闲消费的"再创造性"使得休闲成为经济中的重要组成部分。正如美国学者所指出的那样，"是工业社会以另一种几乎相反的方式使得休闲合理化了。由于有利于生产，休闲一直是合理的……如果没有夜生活和周末，娱乐业就会崩溃；如果没有带薪休假，旅游业就会衰落。实际上，是休闲，而不是劳动使得工业资本主义走向成熟"。

### （二）休闲消费：通过符号确立差异

物品并不是人们的"消费"对象，它们充其量只是需求的对象和满足这些需求的对象。需要的满足只是消费的前提，不足以界定消费本身。为了成为消费的对象，"物"必须变成符号。

那么成为什么样的符号呢？符号的意义在于建立差异。符号之间的关系，使差异得以确立。与他人形成差异，正是日常生活中消费的主要目的之一。现代消费社会的本质，即在于差异的建构。人们所消费的，不是客体的物质性，而是差异。所以说，"物"从来就不是因其物质性而被消费，而是因为其同其他"物"的差异性关系而被消费的。

法国社会学家让·波德里亚指出，现代消费行为的本质就在于，它"只是模仿了社会本质——地位"。实际上，现代消费就是一种通过物而拯救等级的逻辑，是一种要通过自身努力来实现的拯救办法。社会地位这个东西在历史上是通过恩赐和继承得来的，只有少数人拥有人人羡慕的象征高等地位的东西，比如服饰和休闲。但是，每个人的心里其实都有对社会地位的向往，希望有高贵的出身和社会地位。在无法从血缘上继承社会地位的情况下，消费社会提供了满足人们向往心理的替代力量，那就是物品的丰盛和拥有。通过占有更多的物品和消费，人们在无法通过恩赐的情况下通过自身的努力来拯救等级。

物品的丰富和丰盛，其实只是幸福的符号而已，但是物品所提供的满足感和人们对幸福的祈盼，恰恰是使日常的平庸生活得以延续下去的维系力量。在日常社会里，消费并不是作为工作或生产过程的结合来体验的，而是作为奇迹，一种借物质的丰盛和拥有来达到幸福感的奇迹。

休闲消费其本质是人的文化行为的组成部分，由此也带动经济更具文化性和人文关怀性。这是休闲消费应有的价值与意义。

# 第三节　休闲产业与休闲经济

## 一、休闲产业的概念和分类

### （一）休闲产业的概念

休闲产业是近代工业文明的产物，或者更确切地说，它是现代社会的产物。它发端于欧美，19世纪中叶初露端倪。进入20世纪，随着科学技术的快速发展，与休闲相关的产业便逐渐地应运而生。20 世纪 70 年代进入快速发展时期。休闲产业是指以休闲资源为基础，以休闲活动为载体，以向社会提供休闲产品（包括服务）和设施为内容的，满足人类休闲需求，促进人类全面发展的各种经营性行业的集合。它不仅包括物质产品的消费，而且包括精神产品的消费。

休闲产业是指与人的休闲生活、休闲行为、休闲需求（物质的与精神的）密切相关的产业领域，特别是以旅游业、娱乐业、服务业为龙头形成的经济形态和产业系统，已成为国家经济发展的重要的支柱产业。休闲产业一般涉及国家公园、博物馆、体育（运动项目、设施、设备、维修等）、影视、交通、旅行社、导游、纪念品、餐饮业、社区服务以及由此连带的产业群。

## （二）休闲产业的分类

休闲产业不仅包括物质产品的生产，而且也为人的文化精神生活的追求提供保障。中国休闲产业主要包括旅游业、体育业、文化业、餐饮业、娱乐业、保健业等；如果将其做一个较为细致的分类，可以了解到中国这一产业的发展现状。

第一类：娱乐休闲——歌厅、舞厅、迪厅、音乐厅、棋牌馆、影院、剧院、演艺中心、卡拉 OK、KTV 等。

第二类：体育休闲——游泳馆、乒乓球馆、保龄球馆、武术馆、网球场、羽毛球场、高尔夫球场、足球场、篮球场、壁球场、桌球场、溜冰场、赛马场、射箭场、自行车运动场及漂流、攀岩、狩猎、潜水、冲浪、跳伞、航模、蹦极、野营、垂钓等。

第三类：保健休闲——温泉疗养、森林疗养、花卉疗养、水疗、泥疗、盐疗、洗浴、阳光浴、美容、美发、推拿、按摩、氧吧等。

第四类：旅游休闲——各类自然、人文风景名胜区点及主题公园、动植物园、城市风光等。

第五类：乡村休闲——农家乐、渔家乐、牧场乐、民俗村、乡村古镇等。

第六类：教育休闲——博物馆、图书馆、纪念馆、展览馆、科技馆、天文馆、地质馆、艺术馆、烈士陵园、宗教寺观、大学校园、工业园、示范园、老年大学、书店、书吧、文化站及各类非职业性培训中心等。

第七类：饮食休闲——饭店、酒楼、茶馆、咖啡馆、风味小吃店、美食广场等。

第八类：购物休闲——商场、会展、批发市场、步行街、专卖店及拍卖、典当等。

第九类：怡情休闲——宠物豢养、形象设计、种花、种草、集邮、收藏雕刻、书法、绘画、编织、插花、陶吧、话吧、清吧等。

第十类：社会休闲——慈善、福利、志愿者行动及各种节庆、会餐、交友、手机短信、网吧等。

第十一类：休闲物品制造——休闲饮食、休闲服饰、休闲保健、休闲读物、休闲器材及设备的提供。

## 二、休闲产业与休闲经济

休闲经济是以人的休闲消费、休闲心理、休闲行为、休闲需求为考察对象，以满足人的个性、多样性、多元性发展为目的，以在"生产系统"同"生活世界"之间充当媒介为途径，研究人类休闲行为和经济现象之间互动规律的一门人文社会科学。休闲经济是在经济结构和社会结构发生变革基础上，突出"以人为本"，强调以低代价、获得高效益，以无形资源替代有形资源，以经济资本、文化资本、社会资本、人力资本共同推进经济繁荣为己任，以物质财富和精神财富相平衡的一种崭新的经济形态。

休闲产业对国民经济的影响，主要是通过渗透到国民经济的各个产业部门而体现出来的。具体而言，休闲产业对经济发展的促进作用主要表现在以下几方面：

（1）产业关联性高。由于休闲产业关联度高的特性，它对其他产业的渗透力极强，可以带动旅游、交通、文化、娱乐、餐饮、健身、美容、零售、咨询、金融保险和社区服务等众多行业发展。而且产业进入门槛灵活、多样，投资机会多，地区发展限制相对较少，休闲资源丰富，有利于发展不同特色的项目。

（2）发展速度快。休闲业具有投资少、见效快、利润大等特点。同时，由于休闲过程与休闲消费同步，休闲业能比较快地把新产生的工作、商业机会、外汇收入和额外购买力融入经济体系，提高自身发展能力。因而其增长速度远远超过其他产业。以旅游业为例，世界旅游业的平均增长往往高于世界经济增幅的一倍。

（3）加快城市化进程，提供更多就业机会。随着城市化的不断发展，人们对休闲服务多样化的需求也在不断地扩大并直接影响到各种形式的休闲企业的成长，而休闲服务又提高了新兴城区的生活质量，从而吸引更多的外来人口拥向新兴城区，反过来促进了城市化进程。同时，大部分休闲产业属于资源占用少、投资见效快、劳动力吸收多的产业。休闲产业是主要提供劳务产品的产业，与其他行业相比，是可以提供更多劳动就业机会的优势行业。休闲业在创造社会财富的同时缓解了社会矛盾，推动了社会生产力的发展。

（4）有利于调整和优化产业结构。休闲经济的形成及其发展对社会产业结构发展变化的影响主要表现在如下几个方面：其一，休闲经济的形成与发展，使以互联网和信息技术为主导的信息化浪潮所引发的产业革命进入新的发展阶段，导致社会产业结构的非物质化趋势进一步增强。其二，休闲经济的形成与发展使社会各产业之间的划分进一步趋于模糊化，使产业结构中各个产业之间呈现的交叉发展趋势进一步增强，它包括了旅游业、娱乐业、服务业和文化、体育、影视传播等行业，甚至渗透到工业和农业中。其三，休闲经济的形成与发展，使开始于技术密集型经济的产业结构软化趋势进一步增强。其四，休闲经济的形成与发展调整了决定产业结构变化的因素，使最终需求对产业结构的影响作用明显上升，而中间需求的影响作用进一步下降。

（5）提高劳动者的素质及工作效率。休闲的最大功能是减轻人们的生活压力，使人们有机会放慢生活节奏，享受生活乐趣。同时能最大限度放松自己，缓解工作生活中带来的压力，从而以积极而又平和的心情投入工作极大地提高工作效率。有关研究证实，在每周五个工作日中，星期二、星期三的工作成效最高，这足以证明休闲通过人的因素带来的生产和工作效益。

（6）改善投资环境，促进地区经济增长。休闲产业在地区性的经济发展中也起着重要作用。如今，要想吸引投资，光有好的政策、完备的工业配套设施以及可观的市场收益已远远不够了。对于许多企业来说，是否对某一地区进行投资，在很大程度上取决于企业所依赖的员工群体是否满意那里的社区生活服务水平，即生活质量问题。而衡量生活质量好坏的指标，如公园绿地、体育健身设施、娱乐场所、自然环境状况、艺术场馆等大多都与休闲产业有关。因此，休闲产业的兴旺对地区的经济繁荣起着举足轻重的作用。

## 三、休闲消费对休闲经济的发展意义

休闲是消费活动的重要条件之一。休闲消费的需求涉及每一个人，它不仅具有经济和营销意义，而且具有重要的文化和社会意义。这种新的消费需求，将引起产业链和社会文化关系的变化。

（1）参与经济创造、促进经济的发展。西方发达国家的历史表明，休闲与经济的关系密不可分，一方面，经济参与"买来"休闲，它是回报中的一部分；另一方面，休闲可以被用来娱乐、消费，来支持有效的经济参与，正是这种消费的"再创造性"使得休闲变成一种新的社会经济形式。以我国为例，我国现行的休假制度在推动休闲经济的形成、促进休闲产业的发展等方面其作用是巨大的，尤其为促进产业结构的调整、拉动内需、解决失业、盘活经济、繁荣市场立下了汗马功劳。人们花费更多的时间用于物质和文化精神事物的消遣，多余的时间用于最大化的自我价值的发展，从更深的意义上调动自我的内在潜质，大大提高生产效率。

（2）带动消费、调节再分配。正是由于休闲消费的普遍存在，才使各种休闲产业不断诞生，因而为解决就业创造了条件。从经济学的角度看，休闲经济的崛起，能调节国民收入的再分配，降低贫富梯度。在西方发达国家，有闲阶层的消费，一方面，可以使货币回笼，使资本在运转过程中增殖，"一批非生产性消费者的特殊作用在于保持产品与消费的平衡，使全国人民辛勤劳动的成果获得最大的交换价值，从而促进财富的增长"。另一方面，有闲阶层的非物质消费，促进了各种服务业的发展，许多新兴产业会应运而生，为社会提供大量的就业机会，财富在再分配中，使更多的人受益，同时，缓解了失业和再就业人员对社会的压力。

（3）注重人与自然的协调。休闲并不意味着大规模的消费。大量调查表明，最满意的休闲利用方式与大量消费并没有联系，更不意味着要破坏生态，而是将对自然的索取减少到最低的程度。面对人类在经济领域所取得的骄人成绩，面对日益严重的全球性环境问题，休闲消费作为新的生活方式的一种表现形式，人类发出了可持续发展的呼唤，并成为这个时代的主流声音。

（4）发展生产力的高级阶段。"闲"，不仅是生产力和文明发展的结果，反过来说，也是促进生产力和文明发展的要素。发展生产力主要有两条基本思路：一是以社会的方式发展生产力，其途径主要是调整和变革生产关系，发展科学技术，加强管理，完善劳动方式。二是以人的方式发展生产力，即把重心放在个人能力全面而充分的发展上。后者是发展生产力的有决定意义的根本途径。休闲可以发展人的智力，促进精神自由，腾出更多的时间从事自己喜欢做的事，在更广泛的领域进行新探索，由此提升人的价值，生产力的素质获得了全面的培养。合理、科学、健康地利用闲暇时间对一个人的成长与成材也至关重要。

（5）引导一种新的"进步观"。传统意义上的"进步"往往用物质生活水平的提高做检验的标准。时至今日，物质财富的极大满足，促使人们渴望追求充实的精神生活。"进步"的含义将越来越多地体现在人的自我完善和提高生命的质量方面。"进步"的定义将发生根本性的变化。如今，我们的物质生活的确是进步了。衡量进步的标准，将"人"放在了突出的位置。人是一切财富的首要和最终的源泉；发展的重点应当从商品转移到人；技术的首要任务是减轻人们的工作负担，使人类生机益然并发挥自己的能力。"进步"将越来越意味着不断地提高生命质量，讲求生活品位，而且希望以一种更为健康的方式生存下去。几百年来，人类一直在致力于改造世界，而在新的世纪中，人类将会更多地致力于改造自身。

**?** **复习与思考**

### 一、名词解释

休闲消费　休闲经济　休闲产业

## 二、案例分析

### 炫耀性消费

"炫耀性消费"是一种社会属性。美国经济学家凡勃伦从历史发展的角度提出"有闲阶级"这一概念。他认为："在文化演进的过程中,有闲阶级的涌现与所有制的开始是同时发生的。不论在什么地方,只要建立了私有财产制,哪怕是在极低级的发展形态下,在经济体系中就有了人与人之间对商品占有进行竞争的特性。"当一个阶级通过竞争拥有了足够的财富,就能使其即使不直接从事生产劳动还能做到"有闲"。对于人们为什么占有财产,财产之所以有价值,他认为:"后来在社会的日常生活中以及人们的思想习惯中,掠夺活动渐成过去,生产活动进一步代替了掠夺活动,于是累积起来的财产就越来越成为获得成就与优势的象征"。这就是说,在凡勃伦看来,占有财产除了能使人"有闲",还可以满足虚荣心和自尊心的需要。

对于有闲阶级的特点和表现形态,凡勃伦认为主要体现在三个方面:第一,有闲阶级认为不参加劳动是保持其身份的必要条件,"摒绝劳动不仅是体面的,值得称赞的,而且成为保持身份的、礼俗上的一个必要条件"。第二,有闲阶级力图通过消费给别人留下印象,"一个人要使他日常生活中遇到的那些漠不关心的观察者,对他的金钱力量留下印象,唯一可行的办法是不断地显示他的支付能力"。第三,有闲阶级总是力争提高消费水准,使消费超过物质生活所必需的程度。"通常促使我们努力争取的消费标准,并不是那个已经达到的、平淡无奇的支出规模,而是刚巧为我们力所不及的,或者是需要加一把劲才能达到的理想境地。"其目的不过是要在荣誉方面符合高人一等的生活习惯。

——资料来源:作者收集整理.

根据以上案例,回答如下问题:

1. 炫耀性消费与休闲之间有什么关系?

2. 你认为中国目前存在炫耀性消费吗?如果有,从休闲角度讲,这种现象说明了什么?

## 📖 推荐阅读

1. 李仲广,卢昌崇.基础休闲学 [M].北京:社会科学文献出版社,2004.
2. 章海荣,方起东.休闲学概论 [M].昆明:云南大学出版社,2005.
3. [德] 约瑟夫·皮珀.闲暇:文化的基础 [M].刘森尧,译.北京:新星出版社,2005.

# 第五章 休闲活动与休闲旅游

进入 21 世纪后，休闲活动、旅游活动发展迅猛，休闲经济、旅游经济日益成为各个国家或地区新的经济增长点。对休闲与旅游研究结果的认识，很大程度上决定了一个国家或地区经济增长的速度。抓住休闲、旅游的本质，迎合现代环境下消费者追求生活质量高水平的心理，就意味着该国或该地区支柱产业的形成和经济收入的提高。

本章介绍了休闲活动的概念和分类，并对旅游的概念进行了阐述，分析了休闲与旅游的关系，最后对于休闲旅游进行了内涵的剖析和内容的分类。

## 学习目标

### 知识目标

1 了解休闲活动和旅游的概念。

2 熟悉休闲活动的分类。

3 掌握休闲旅游的产品类型。

### 能力目标

1 熟悉各种休闲活动对人的正面影响。

2 理解休闲与旅游的辩证关系。

3 掌握各类休闲旅游产品的作用。

**案　例**

### 上海城市居民休闲活动方式

在平时，上海城市居民主要以家庭为休闲活动空间，看电视（25.45%）、上网（21.62%）和阅读书刊（14.16%）是其最普遍的三种休闲方式。在周末的休闲活动中，购物（13.62%）、上网（11.97%）和看电视（9.72%）成为排名前三项的活动，但选择的集中度大幅下降。户外活动、饭店就餐、前往娱乐场所或朋友聚会等活动方式的选择比例不断递增，呈现多样化的休闲活动选择。在小长假期间，外出进行旅游活动（24.42%）、看电视（10.03%）和上网（9.30%）三项活动位居前列，选择比例约占43%，而购物、外出就餐和与朋友聚会则是重要的补充形式。在黄金周和带薪假期中，各种形式的旅游活动分别占到32%和44%左右，国内中远距离的休闲度假旅游或境外观光旅游愈加受到居民的青睐。而看电视、上网、购物和就餐等则成为居民休闲活动的辅助方式。

——资料来源：徐爱萍．上海城市居民休闲活动现状研究［J］．企业导报，2012（17）．

**案 例 分 析**

1. 人们平日休闲的项目有哪些？
2. 分析休闲与旅游的关系。

# 第一节　休闲活动

## 一、休闲活动的概念

关于"休闲"一般有三种理解。一是从时间角度，即采用"两分法"，把一天的时间分为工作时间和业余时间。这种分法比较笼统，不够准确。因为在工作时间以外，还有睡觉时间、家务劳动时间等，业余时间并非全部用于休闲。二是从活动内容角度，大致可以概括为娱乐、休息和自我实现三个方面：娱乐的休闲是指闲暇时所做的任何以寻求放松与愉快为目的的活动，完全出于兴趣，谋求的是良好的生活质量；休息的休闲是指闲暇时所有的活动是为了完全放松精神，尽快恢复体力，或者暂时逃避社会责任等，是对消极自由的一种体验，即可以"不做什么事情"；自我实现的休闲追求的是自我价值的实现，以及生命意义的建构，通常表现为提高型活动和创造型活动。三是从内心的感受、精神状态角度，休闲都会追求娱乐性的愉快感，但愉快感发生的层面还是有一定区别的，有感官性层面的，有精神性层面的；愉快感觉的性质也有所不同，有刺激型的，有闲适型的；另外，获取愉快感的方式也不同，有动态休闲，有静态休闲。

由此可见，休闲活动是人们闲暇时间内所从事的活动，可以根据自身的偏好进行选择。个体从这些活动中获得惯常生活事务所不能给予的身心愉悦、精神满足和自我实现与发展。

## 二、休闲活动的种类

现代休闲活动的根本目的是满足人们日常余暇生活的愉悦、安逸、刺激等心理需求，起到调整和平衡生理活动的作用。随着休闲时间的增加，休闲活动的形式也更趋多样，种类愈加丰富。总体而言，休闲活动主要具有享乐、健康、审美、促进人全面发展四方面的价值。人们会因为不同的价值需求而选择不同的休闲活动，但无论哪一种形式的休闲活动，对于生活节奏快、心理压力大的现代人来说都是一剂良药，可以避免由于心理压力过大而产生的负面影响。

休闲活动可以分为积极休闲活动和消极休闲活动。积极休闲活动至少有三个标准：益智、健身、陶冶情操。那些懒懒散散、无所事事的休闲活动，虽然不能益智、健身、陶冶情操，但对己对人也无害，就是消极的休闲行为。

根据现代人经常参加的休闲活动，可以将休闲活动分为五类：运动性休闲活动、艺术性休闲活动、社交性休闲活动、消遣性休闲活动和学习性休闲活动。

### （一）运动性休闲活动

运动性休闲活动，是指以身体活动（身体锻炼）为基本形式，以健身、娱乐、消遣、放松和探寻刺激等为主要目的的社会休闲活动。运动性休闲活动所作用的客体往往是活动者自身的身体，即活动主体的有机体。运动性休闲活动主要包括能锻炼体魄、培养技能的一些项目。

（1）健身健美类休闲活动。主要包括健身、健美操、啦啦队、普拉提、体育舞蹈、街舞、瑜伽等，用于体型训练、减肥纤体、调节机能，是带有表演性、艺术性、技巧性的有氧运动。健身健美类休闲活动伴以节奏强劲的音乐和豪迈奔放的舞姿，在放松身心、消除疲劳的同时，练就和塑造自己外显俊朗、内秀素质的充满生命力的健康形象，提高审美能力和增强审美情趣，以达到外在美和内在美的统一，展示出大自然赋予人类的体态美和体育活动的运动美。体现人们对自身的尊重和人文的关怀，满足人们的心理欲望和精神需求，获得生理上的快感和心理上的愉悦。

（2）康乐游戏类休闲活动。主要包括跳绳、钓鱼、风筝、踢毽子、打陀螺、轮滑、桥牌、弈棋、飞镖、信鸽等。这些活动源于古代的民间游戏，历史悠久，在漫长的实践和传承过程中经过人们不断地修改、创新，发展成为现代颇具特色的项目。康乐游戏类活动最大的特点是具有明显的娱乐性，在活动中尽情玩耍，在玩乐中强身健体、陶冶情操、培育品格、开拓思维，感受身心愉悦的体验。

（3）竞赛对抗活动。竞赛是体育活动的特征，从某种意义上说，没有竞赛就没有体育。运动竞赛休闲活动具有技艺性、竞争性和规则性的特点。体育活动的竞技性赋予体育这一人类文明活动无限的魅力，吸引着人们广泛参与。通过竞赛活动展示自我、张扬个性，体现人类敢于创新、顽强拼搏、奋力争先的精神。作为运动休闲活动，竞赛对抗类休闲活动与竞技运动比赛虽然有不可分割的联系，但在形式、游戏规则以及达成的目标方面是截然不同的。在目的和宗旨上，竞技运动追求的是比赛的成绩，而运动休闲追求的是活动的过程和由此带来的心理体验。在形式内容上，前者严格按照竞赛规则去操作，后者则不拘形式，活动内容也随意自由。通过竞赛对抗活动，满足竞争的心理，展示个人的智慧和才华，宣泄心中的郁闷，调整心态。

（4）养生保健类活动。主要包括太极拳、八段锦、气功、五禽戏等，其特点是内向含蓄、自得其乐，在安逸的心境和清静的环境下，身心双修，在自由自在中养生。养生保健是中国传统思想文化的积淀。"天人合一、人与自然的和谐等养生的理念，形神兼备，调形生息、修身养性"等，是中国古代休闲养生追求的境界。社会进步了，一方面，社会的文明程度提高了；另一方面，社会的负面影响又困扰着人们的生活，客观现实促使现代人的休闲养生保健观念发生根本性的转变。人们参与运动休闲，更多的是注重追求精神上的超越和解脱，以达到无拘无束、自由自在的精神状态，从而获得悠然自得的精神享乐、轻松雅致的休闲情怀和强壮硬朗的矫健身躯，以期达到提高生活质量，完善生命质量的目的。养生保健类休闲活动是超然洒脱、颐养性情的好方法，是中老年群体健身保健的首选方式。通过调形保持筋络畅通，防御治疗疾病，以调息理顺呼吸系统，增强机体机能，通过调意畅快情怀心绪，保持乐观向上的人生态度。

（5）探险拓展类休闲活动。主要包括登山、野营、攀岩、蹦极、定向越野、漂流、溯溪、徒步穿越、驾车、自行车等项目，内容丰富、形式独特，具有体能训练、技能训练、生存训练、心理训练、人格训练和管理训练多方面功能。由于东西方的自然环境和人文环境的区别，西方以海洋文化和商业文化为背景，形成了冒险、张扬个性的观念，所以，探险拓展类休闲活动多来自西方。传入我国后，受到广大青少年的喜爱，这也反映了我国改革开放后形成的市场经济驱动着国民休闲观念的转变。探险拓展类活动在山林野外、水上、人工设计的专门场地中进行，锻炼体能和胆量，寻求刺激和猎奇，满足探险和挑战极限的心理愿望。探险拓展类项目吸引着众多热衷于冒险刺激、磨炼意志的运动休闲爱好者去探索、去体验，去实现人生的价值。

### （二）艺术性休闲活动

艺术性休闲活动，是指以培养情趣和气质并增进个人心智能力为主要目的的社会休闲活动。艺术性休闲活动可以调节、改善、丰富和发展人的精神生活，提高人的精神素质（包括认知能力、情感能力和意志水平）。

（1）视觉艺术类休闲活动。所谓视觉艺术即美术，是指通过人的视觉感官（眼睛）及与之相适应的审美手段去传达和接受审美经验的艺术。在人的各种感觉器官中，视觉最为复杂、精细和灵敏，同时也是人获取信息的主要来源。外在世界的丰富性和多样性，常常通过视觉活动而被人感知。因而，视觉艺术的种类和样式也最为丰富，甚至其他艺术也往往需要以视觉感受为基础来构造艺术形象。绘画、雕塑、工艺美术、书法、摄影等是最为典型的视觉艺术。

（2）表演艺术类休闲活动。表演艺术和视觉艺术不同，视觉艺术是指本质上是以作品来呈现的艺术，而作品是以视觉目的为创作重点，而表演艺术是以表演者来呈现艺术。通常使用两种方式演绎，一种是默剧，即仅用肢体动作表达所要表演的故事；另一种是语言和表演同时进行以达到目的。话剧、音乐、舞蹈、歌剧、音乐剧、魔术、杂技等是常见的表演类艺术。

（3）语言类艺术休闲活动。语言艺术主要指文学。文学以文字语言（词语）为媒介，不像其他艺术那样直接诉诸人的视听感官，文学的传达和接受都要通过主体想象去感受、体验并构造审美意象。阅读和写作是常见的语言类艺术休闲活动。

### （三）社交性休闲活动

社交是指社会上人与人的交际往来，是人们运用一定的方式（工具）传递信息、交流思想，以达到某种目的的社会活动。如今，经济和社会环境的变化使得人与人之间的交往越来越重要。我们只有不断地与各类人员进行交往和信息沟通，才能不断地丰富自己、发展自己。社交性的休闲活动，包括能学习社交关系、增进人际关系的一些活动，如探亲访友、宗教活动、民间节庆、公益活动、郊游、朋友聚会、聚餐等。

### （四）消遣性休闲活动

消遣是指寻找感兴趣的事来打发空闲，消闷解闷。消遣性的休闲活动，主要涉及日常生活中那些纯粹为了放松和消闲，一个人可随意进行的简单易行的娱乐活动。现代社会的工作压力普遍较大，平日工作以外的零散时间，人们会选择一些自己喜欢的活动来放松身心，一个人或者和朋友、家人一起，进行如看电视、看电影、听广播、上网、逛街（公园）、美容美发、玩电脑游戏等休闲活动。这些活动多是我们每个人日常生活中的重要组成部分，也起到了使人放松休闲、身心调整的重要作用。

### （五）学习性休闲活动

社会发展到今天，对国民素质的要求越来越高，特别是在升学、就业、务工、竞选、任职等一系列重大问题上，对知识和素质要求的门槛越来越高。作为社会中的一个成员，要自立于这个社会之上，就必须建立属于自己的、必要的和科学合理的知识结构。利用闲暇时间可以进行参观博物馆、访问名人故居、体验科技馆、参加学习班或兴趣班等学习性休闲活动。

# 第二节 休闲与旅游的关系

当"休闲"这个词汇作为一个舶来品于 20 世纪 90 年代中后期引入我国时，大部分人并不十分了解它的确切含义。不管是媒体还是学者，无论其怎么界定，实际上最终多多少少还是会把休闲和旅游等同起来。在相当长的一段时间里，"休闲""旅游""休闲旅游""旅游休闲"这些词汇被混同使用。个中原因至少有三：其一，对休闲的深刻含义了解不够。其二，在我国，旅游业是所有与休闲活动有关的行业中最引人注目的一个，特别是以"黄金周"为代表的假日旅游对整个消费领域造成了巨大影响。其三，其他休闲设施和服务相对供给不足。也就是说，休闲时间的相对集中使得假日经济被误解为休闲经济的全部；而休闲供给的单一与休闲需求的不成熟更使得假日旅游被错当成休闲活动的代名词，几乎承担了休闲经济所应该涵盖的大部分内容。

## 一、休闲与旅游的内涵

要想探究休闲与旅游的关系，首先需要了解休闲与旅游的内涵。

### （一）休闲

#### 1. 休闲内涵

休闲，就是人们利用闲暇时间，从文化环境和物质环境的外在压力中解脱出来，以自己喜爱的方式进行一种愉悦的体验活动所形成的相对自由的生活。休闲的一个重要功能，是把人从劳动状态与负有责任的其他活动中分离出来。亚里士多德对此做了一个恰当的总结：休闲是"不需要考虑生存问题的心无羁绊的状态"。葛拉齐亚对此说法给出了自己的解释，为"对要履行的必然性的一种解脱"。在这种状态下，马克思也给出了休闲的两层含义：一是"娱乐和休息"；二是"发展智力，在精神上掌握自由"。

现代人把休闲看作一种理想，也是一种生活方式，而非时间商品或一种精神状态。Godbey 定义它为："从文化环境和物质环境的外在压力中解脱出来的一种相对自由的生活，它使个体能以自己所喜爱的、本能地感到有价值的方式，在内心之爱的驱动下行动，并为信仰提供一个基础。"

### 2. 休闲时代

近年来，随着我国民众闲暇时间的日益增加，休闲成为民众生活方式的重要内容。2006 年，中国杭州，2040.5 万人，184 天，共赴一场休闲盛宴——2006 杭州世界休闲博览会和第八届中国杭州西湖博览会。有学者提出：2006 年是中国的"休闲元年"。2006 年 5 月 3 日，新加坡联合早报网根据我国国内传媒的报道，发表一则"2006 年中国已跨入休闲经济时代"的消息。随后国内媒体报道称我国跨入休闲经济时代，城市人一年中有三分之一的时间在休假。

休闲时代无疑是一种理想的社会。尽管科技发展为休闲时代的到来提供了强大的支持条件，但仍不能一蹴而就。它是一个漫长而充满魅力的过程。马克思当年曾这样描述未来的理想社会：人们有充分的自由时间，做他想做的事情，上午打鱼，下午进行艺术创作。今人把休闲描述为"以欣然之态，做心爱之事"。休闲时代，并不仅是闲暇时间多了，丰衣足食了，而且是人的一种精神态度和存在状态的变化。在这个时代，人与人的关系、人与自然的关系、人与社会的关系变得融洽、和谐；人对物的攫取，变得理智、通达；人的社会责任感更加强烈；公共服务更加人性化。毫无疑问，当人们积极主动地践行这些理念时，休闲时代才可能来临。

## （二）旅游

### 1. 旅行起源

在人类历史上，早在原始社会末期，旅行活动便已经开始。那时，人们外出旅行主要是出于生存和经济目的。例如，游牧部落的迁徙，商人来往于不同部落之间专事商品的交换。他们以经商为目的四处奔走，开创了旅行的道路，并且商品交换越发达、交换的范围越大，就越要离开常住地，到异地他乡去经商。早期的旅行是建立在经商贸易基础上的一种经济活动。中国早在公元前 22 世纪就出现了旅行活动，当时最典型的旅行家大概要数大禹了，他为了疏浚九江十八河，走遍了大江南北。春秋战国时期，老子传道，骑青牛西去；孔子讲学周游列国。汉时张骞出使西域，开辟了"丝绸之路"。唐时玄奘取经到印度；鉴真东渡日本传教。明时郑和七下西洋，远至东非海岸。还有杰出的旅行家徐霞客遍游全国，写出了地理科考巨著《徐霞客游记》。

### 2. 中国古代的"旅游"概念

早在殷周之际，人们已经开始注意旅行的类别，殷人和周人习用"旅"字，专指当时最活跃的一种旅行——商旅。《易经》中，专讲行商客贾的一卦就称为"旅"卦。"旅"字之所以用于商旅，一是"旅"本来就含有行走之意，二是"旅"常被古人假借为"庐"，与"庐"字相通的"旅"字便成了当时商业旅游的专称。

东周时期，旅行分类更加清楚，东周人除了沿用殷周以来的说法外，以"旅"称商旅，以"征"称军旅，以"归"称婚旅，以"巡"称天子之旅，以"迁"称迁徙之旅，特别是他们用"旅"字为中国旅游史引进了现代"旅游"的概念。

"游"的字义是浮行于水中。人能像鱼一样无拘无束、自由自在地"泳之游之"（《诗经·邶风·谷风》），当然是一件令人高兴的事情。所以当时人们把那些随心所欲、"优哉游哉"（《史记·孔子世家》："优哉游哉，维以卒岁"）的旅行活动，如游猎、游览、游学等概称为"游"。"游"的提出，说明东周人已经有了比较明确的旅游范畴，能够把旅游与商旅、礼节性外交和长途公差等功利性的旅游区别开来，标志着中国古代旅游从此进入了自觉的认识阶段。

"旅游"一词，最早见于六朝。齐梁时，沈约（441~513年）《悲哉行》"旅游媚年春，年春媚游人"的诗句，用以专指个人意志支配的，以游览、游乐为主的旅行，以此区别于其他种种功利性的旅行。

### 3. 现代旅游的定义

tour（旅游）来源于拉丁语的"tornare"和希腊语的"tornos"，其含义是"车床或圆圈；围绕一个中心点或轴的运动"。这个含义在现代英语中演变为"顺序"。后缀-ism被定义为"一个行动或过程；以及特定行为或特性"，而后缀-ist则意指"从事特定活动的人"。词根tour与后缀-ism和-ist连在一起，指按照圆形轨迹的移动，所以旅游指一种往复的行程，即指离开后再回到起点的活动；完成这个行程的人也就被称为Tourist（旅游者）。在西方，tourism（旅游）一词最早见于1811年英国出版的《牛津词典》。而tourism是从tour引申而来的。在《韦伯斯特大字典》中，"旅游"（tour）一词被解释成"是一个人回到其出发地所经历的旅程；是一次出自商务、娱乐或教育的目的所进行的旅行，旅行期间通常按计划的路线访问不同的地方"。旅游（tourism）与旅行（travel）这两个术语在出版的旅游文献中往往是交互使用的。美国的研究人员一直倾向于使用"旅行"一词，实际上指的也是旅游。

1942 年由瑞士学者汉沃克尔和克拉普夫提出的艾斯特定义，即"旅游是因非定居者的旅行和暂时居留而引起的一种现象及关系的总和。这些人不会永久居留，并且不从事赚钱的活动"，是国际上普遍认同的旅游定义。而由世界旅游组织和联合国统计委员会推荐的技术性的统计定义则是："旅游是指为了休闲、商务或其他目的而离开他/她们惯常环境，到某些地方并停留在那里，但连续不超过一年的活动。旅游的目的一般包括六大种类：休闲、娱乐、度假，探亲访友，商务、专业访问，健康医疗，宗教/朝拜，其他等。" 1985 年我国经济学家于光远也曾对旅游下过如下定义："旅游是现代社会中居民的一种短期性的特殊生活方式，这种生活方式的特点是：异地性、业余性和享受性。"

综合对于旅游的不同表述，可以看出人们在以下三个方面达成了共识：第一，旅游是人们离开自己的定居地，去异国他乡访问的活动，这一点反映了旅游的异地性；第二，旅游是人们前往旅游目的地，并在那里做短期停留的访问活动，这种短期停留有别于移民性的永久居留，这一点反映了旅游的暂时性；第三，旅游不以就业为目的，目的指向通常为审美享受和休闲娱乐。

---

**相关链接** 🔍搜索

### 世界旅游日（World Tourism Day）

早在 1971 年，世界旅游组织的前身国际官方旅游组织联盟就根据非洲国家官方旅游组织的意见，提出创立世界旅游日的设想。经过大量准备工作之后，1979 年 9 月，世界旅游组织第三次代表大会正式决定 9 月 27 日为世界旅游日。选择这一天的原因是国际官方旅游组织联盟在 1970 年 9 月 27 日在墨西哥城的特别代表大会上通过了将要成立的世界旅游组织的章程，所以值得纪念。

此外，这一天又恰好是北半球旅游旺季刚过去，而南半球旅游季节刚到来之际，即这正是世界各国人民度假的好时节。从 1980 年起，有关国家每年都组织一系列庆祝活动，如发行邮票、举办明信片展览、推出新旅游线路、开辟新旅游点等。

确定世界旅游日的意义在于：发展国际、国内旅游，促进各国文化、艺术、经济、贸易的交流，增进各国人民的相互了解，推动社会进步。世界旅游组织每年都提出宣传口号，世界各国旅游组织根据宣传口号和要求开展活动。

中国于 1983 年正式成为世界旅游组织成员。自 1985 年起，中国在北京、上海、重庆、成都、沈阳等城市设立主会场，并在全国各地设分会场，举办欢庆世界旅游日活动。围绕当年世界旅游组织确定的旅游活动主题开展旅游宣传活动。

2010 年 5 月 7~8 日，时任国家旅游局副局长杜江率领中国旅游代表团出席了在马里首都巴马科召开的世界旅游组织第 85 届执委会会议。执委会 31 个成员国均派代表参会并就一系列重要议题做出了决议。会议确定 2010 年世界旅游日的主办国为中国，主题为"旅游与生物多样性"。

——资料来源：百度百科．

## 二、休闲与旅游的关系

### （一）休闲与旅游的表象差异

在休闲与旅游的影响因素中，闲暇时间占有十分重要的地位。可以把人们的全部时间大致划分成两大类：工作时间和非工作时间；把人们在不同时间内的活动加以区分，可以分为限制性活动和自由活动两大类（表5-1）。

表5-1　人们活动与时间分类

| 时间 | 限制性活动 | 自由活动 |
| --- | --- | --- |
| 工作时间 | 法定就业劳动、附加劳动 | 工间休息 |
| 非工作时间 | 生理生存活动、必需的社会活动 | 休闲活动 |

人们的闲暇时间属于非工作时间，但并不等于非工作时间。可以将闲暇时间细分为四类，而且其被旅游与休闲所利用的情况是不一样的（表5-2）。

表5-2　闲暇时间分类

| 分类 | 每日闲暇 | 每周闲暇 | 公共假日 | 带薪假日 |
| --- | --- | --- | --- | --- |
| 休闲 | 可用 | 可用 | 可用 | 可用 |
| 旅游 | 不可用 | 短途旅游 | 可用 | 可用 |

从上述分类可以看出，休闲可以利用人们所用的闲暇时间（包括零星的、短暂的闲暇时间），而旅游活动需要利用人们较长的闲暇时间才可以进行。休闲是一种生命状态，是一种生活态度，让自由意志得以尽情发挥，它可以是休息，也可以是自娱，从劳动和其他工作中解放出来，自由地放松、转换心情。休闲活动可以是在某个特定时间内的个人的想象或现实的活动。而旅游则是一种生活链条断开的新感受，摆脱久居的环境，去寻找人文和自然带给自己的美的享受和灵魂的荡涤。因此，这两种人类活动的表征因闲暇时间的多寡及频率的高低而产生了本质上的差异。

### （二）休闲与旅游的理论关系

旅游经济在国民经济中的比例和地位越来越突出，对旅游经济很多方面的研究，如旅游需求、旅游供给、旅游消费、旅游收入、旅游企业行为、旅游产品等，都倾向于按照旅游活动过程中的食、住、行、游、购、娱六大要素来分类。这样一来，以商务为主的事务型旅游活动类型虽然游的部分较少，但因其无可置疑的食、住、行、购、娱等方面的大量需求和高消费，被列入了旅游活动的范畴。这种旅游活动不受人自身内在休闲需求的驱动，不应属于休闲活动之列。

到 20 世纪 90 年代，电子化的动力机器使得人们能将生活中 41%的时间用于追求娱乐休闲。天工作时间、周工作时间、年工作时间进一步缩短，除了能够将每年集中休假的时间以旅游的方式来达到休闲的生活状态以外，平日非工作时间的延长也使得人们对短时间内的生活质量提出了更高的要求，既有休闲的需要，更有满足休闲需要的条件。这些时间虽然不能外出旅游，但大可以在生活城市的周边环境优美的地方偷得浮生半日闲。这种休闲活动没有离开居住地脱离于旅游活动而存在。这个时候，旅游和休闲既有交叉重叠的部分，也有了各自独立的部分。

### （三）休闲与旅游的本质

休闲、旅游的本质到底如何，对于产业部门来说，到底是发展休闲经济还是发展旅游经济，是大力促进休闲活动还是大力开拓旅游活动，二者之间关系如何，到目前为止，学术界对这些问题形成了几大类不同的看法。

第一类观点认为，休闲与旅游是相互交叉存在的活动形式。例如，北京联合大学旅游学院教授刘德谦认为：休闲包括本地休闲和异地休闲，旅游包括闲暇类旅游和非闲暇类旅游（图 5-1）。休闲与旅游的重叠部分即为异地休闲也即闲暇类旅游。本地休闲独立于旅游活动之外，非闲暇类旅游也独立于休闲活动之外。在人类的活动中，休闲和旅游都非常重要。人类在进行这两项活动时有着相似或相同的基础及心境。但是，如前文所述，旅游更多考虑的是改变地理位置，而休闲则是考虑时间的长短，所以，它们的本质区别是不可忽略的。

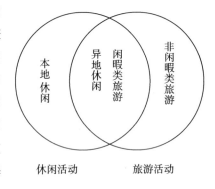

图 5-1　休闲活动与旅游活动的关系

第二类观点认为，旅游包含于休闲范围之内，即旅游属于休闲的一部分。李仲广认为，旅游从本质上与休闲没有任何区别，旅游是那些发生在异地的休闲。杨振之从经济的角度也提出了休闲与旅游的包含关系。旅游是人的休闲智慧的产物之一，是现代社会生活方式之一，是一种文化精神生活。由于其社会性、实践性和参与性等特点，可以培养人的生活态度、社会责任和丰富的感情世界，有利于智性、艺术、文学、科学等方面的创造，因而成为人们休闲度假的方式之一。

第三类观点认为，旅游、休闲本是两种不同的活动形式，现在正在相互渗透，乃至结合。宋瑞是这种观点的主导者。李文明等人也认为旅游休闲化是旅游业进一步发展与提高的必由之路。伴随着对休闲的新的认识，休闲与旅游的关系也发生了变化。从当前和未来一段时间来看，休闲意识向旅游活动的渗透，以及休闲活动与旅游活动的结合是一个明显趋势。休闲意识和休闲观念对人们旅游活动的渗透体现在两个方面：一是以休闲为目的的旅游增多；二是人们不再仅仅看重旅游的数量，而是更加注重旅游的质量，不再只重视"到此一游"的结果，而是同时重视"结果"与"过程"。休闲活动与旅游活动的结合也表现在两个方面：第一，从消费者角度来看，是偶然性的旅游活动与日常性的休闲活动相结合。罗素说，能否聪明地休闲是对文明的最终考验。正如很多人所认识到的那样，中国人现在所缺乏的不是休闲时间，而是休闲习惯和休闲文化。只有社会的大部分公民都能够（包括主观愿望和客观条件）经常性地参与到各种各样丰富多彩的日常休闲活动中，而不再把偶然性的外出旅游当作满足其休闲欲望的唯一途径时，我们距离休闲社会才可能更近一步。第二，从经营者角度来看，是把外地人的旅游活动与本地人的休闲活动相结合。以往的旅游开发仅仅关注外地旅游者，把吸引外地游客当作目的地建设的核心，然而在休闲成为社会普遍需求的今天，则应该同时考虑满足当地居民的日常休闲需求。实际上将二者结合在一起，不仅能使当地居民受益，也能提高目的地对外地游客的吸引力。

# 第三节　休闲旅游

休闲学者马惠娣在 2002 年曾提出过：从事休闲旅游业的部门与从业人员亟待更新观念。在我们的传统观念和过去的行为中，旅游业的开发对象通常都是一些天然的风景或者人类的历史遗迹，但是，过度的开发必然会引起自然或人文资源的毁坏。于是便促使人们改变发展的思路，发展休闲业，以此为旅游业的发展提供缓冲。例如，人们建立了一系列的主题公园、博物馆、剧院、艺术馆等，这些举措在缓解旅游业发展压力的同时，也从另一方面拓展了旅游活动的内涵。因此，便有了"旅游—旅游休闲—休闲旅游"这样的组合，它表明了旅游业发展的客观规律，即从旅游发展到旅游休闲，而发展的最终阶段将会是休闲旅游。

## 一、休闲旅游的定义

目前，学术界对休闲旅游探讨最多的莫过于对其内涵与本质的阐释。综观以往研究成果，学者们认为休闲旅游有如下几层含义。

### （一）休闲旅游以休闲为根本目的

国内学者在对休闲旅游进行界定时，首先强调休闲旅游是一项为达到休闲目的而进行的活动。"休闲旅游，也就是通过旅游方式达到休闲的目的。"（喻学才，1998）"何为休闲旅游？简言之，是以休闲为目的的旅游。"（马惠娣，2002）休闲旅游，是指以旅游资源为依托，以休闲为主要目的，以旅游设施为条件，以特定的文化景观和服务项目为内容，为离开定居地而到异地逗留一定时期的游览、娱乐、观光和休息（刘群红，2000）。休闲旅游其实质就是借"旅游"来"休闲"，即借离开定居地到异地开展观光、游览、娱乐、健身等活动来达到放松身心、修身养性、健体、实现自我满足或提高生活质量的目的（谢江红，2006）。

可见，休闲旅游的基本属性即为休闲性。休闲旅游是旅游发展到一定程度后出现的一种旅游类型。这种旅游类型不管以什么形式表现出来，有一点是必须实现的，即在休闲旅游活动过程中，旅游者必须达到闲适、达观、物我两忘的精神境界，处于一种摆脱羁绊的身心自由自在的生活状态，通过休闲旅游达到彻底放松。哪怕是那种苦行僧式的旅行方式，虽然肉体劳顿，但参与者却浑然不觉，反而从中获得灵魂的解脱和升华。

### （二）休闲旅游是一种精神文化活动

休闲旅游又是一种积极的、高层次的旅游活动和精神文化活动。它能够使人们摆脱俗务，娱悦身心、陶冶情操，它更注重旅游者的精神享受和心理需求。著名休闲学家马惠娣从休闲文化的视角说明了休闲旅游的文化内涵。休闲旅游更注重旅游者的精神享受，更强调人在某个时段内所处的文化创造、文化欣赏、文化建构的存在状态；它通过人的共有的行为、思想、感情，创造文化氛围，传递文化信息，构筑文化意境，从而达到个体身心和意志的全面和完整的发展。人们通过身体放松、竞技活动、艺术欣赏、科学好奇心和接触大自然等方式，为丰富生活提供了可能。建立在旅游基础之上的行为情趣，或者是休息、娱乐，或者是学习、交往，或者是欣赏大自然，它们都有一个共同的特点，即获得一种愉悦的心理体验和精神满足、产生美好感，以满足人们学习知识、增进友情、促进沟通、保健娱乐、追求猎奇、丰富个性等多方面的需求。

### （三）休闲旅游是一种生态休闲行为

休闲旅游除了是一种以休闲为目的、追求精神文化需求的旅游活动外，它同时也是回归自然、复归人性的生态休闲行为。休闲旅游特别强调人与大自然的和谐一致，增强爱护、保护自然的意识（马惠娣，2002）。与观光旅游相比，在休闲旅游地的选择上，游客更偏重于回归自然，同时对休养提出较高的要求（杨本俊、吴威，2003）。

相对于传统的旅游来说，亲近自然成为游客们对旅游地选择的首要标准，在旅游的过程中更加注重休养。

### （四）休闲旅游需要一定的时间和资金

休闲旅游是在旅游者占据较多的可支配经济收入与闲暇时间的时候，旅游地服务设施发展较为完善时逐步形成的，是旅游业多元化发展的产物。

休闲旅游本质上是以时间、金钱和物质为代价，追求审美、愉悦、体验生理和心理快感的精神文化活动（刘丽丽、李宏，2004）。相对于观光旅游来说，休闲旅游是层次较高、对产品要求较严、顾客花费较多、更有益于游客身心愉悦的一种旅游活动，是旅游经济发展到一定阶段的必然产物（程遂营，2006）。

陈世斌从时间的"内缘"和"外缘"角度，将休闲旅游定义为："休闲者以休闲为目的，出行时间介于 0.5~2.5 小时之内，进入市内景区或者邻近市区景区或城市从事的旅游行为。"

刘丽丽、李宏、陈世斌、赵振斌等从时间的角度来界定休闲旅游。他们认为休闲旅游是人们出于减压、消遣、放松、度假等目的，离开其居所 10 公里以上，在异地停留6~24小时之间，或一天以上，最长不超过一年的旅游活动。

综合上述观点，可以将休闲旅游界定为：旅游者借助一定的休闲资源或设施，在其定居地以外的其他区域进行的以休闲为主要目的的游览、逗留、学习、体验和娱乐等旅游消费活动。休闲旅游是一种在休闲文化的影响和带动下开发的集观光、度假、体验、娱乐、运动于一体的综合性旅游产品，代表着旅游产业发展的较高阶段。

## 二、休闲旅游与一般旅游的比较

国内学术界在休闲旅游的研究中，从多个视角对其特点进行了考察。许宗元（1998）强调："休闲旅游与一般旅游的区别在于其具有明显的休闲特征，与其他旅游方式的显著区别是，休闲旅游是周而复始的，而其他旅游大多是一次性的。"黄大学等（2004）从我国的休闲哲学或从休闲旅游的目的角度，指出休闲旅游具有超越性、主体性（多样性）、体验性（参与性）的特点。杨永德、陆军（2006）认为新发展是休闲旅游的特点，主要体现在城郊化发展、主题化发展、文化性发展以及多元化发展等方面。樊英（2006）分析传统的观光旅游活动偏离了旅游的根本目的，日渐淡化甚至扭曲了旅游原本具有的休闲性质和功能，而休闲旅游则是一种理性的回归，具有更丰富的文化内涵、更显著的休闲性和更深刻的体验性。蒋素梅（2006）通过对休闲旅游与观光旅游、度假旅游的比较得出休闲旅游自身的诸多特征（表5-3）。

表5-3 休闲旅游与观光旅游、度假旅游的比较

| 旅游形式 | 观光旅游 | 休闲旅游 | 度假旅游 |
|---|---|---|---|
| 旅游时间 | 较短 | 较短（假日消费） | 较长 |
| 旅游目的 | 开阔视野 | 休闲提高 | 放松身心 |
| 旅游周期 | 一次性 | 周而复始 | 周而复始 |
| 旅游差异 | 简单化、无差异 | 个性化、体验化 | 少差异 |
| 旅行方式 | 团队、散客 | 散客、团队 | 散客 |

另外，邹勇等（2006）还提到休闲旅游的其他特点，如休闲旅游行为的经常性；旅游者以来自旅游区附近及邻近地区为主；旅游者的主要目的不在于"好看"，而在于"好玩"；旅游者以散客、家庭式、朋友式聚会等旅游形式为主。

休闲旅游不同于一般意义上的旅游，它对传统的旅游概念从内涵到外延都做出了新的延伸，它与传统旅游的区别主要体现在：

（1）休闲旅游的目的主要是休闲放松。这一目的性远远强于传统旅游形式中的娱乐性、消遣性。休闲旅游产业的发展不再仅仅围绕着传统的旅游业发展的六要素"食、住、行、游、购、娱"来展开，而是在此基础上围绕着游客的高层次需求与其行业相关产业的深层次发展来展开。特别是在当前快节奏的生活状态下，人们都有意识地追求放松身心。休闲、自在的旅游价值取向使休闲旅游成为一个独立的旅游业类型。

（2）休闲旅游目的地的选择。休闲旅游目的地一般不是传统的名胜观光区，多数是风景较好的城郊与经济发达的毗邻城市。其特点是环境优美、适于人居，多数具有疗养康体条件。休闲游客不会像观光游那样走马观花地游览，因此游客会选择到自然景色优美、服务齐全的城郊或周边城市，或者到海滨、湖边、山林、温泉等休闲区域。游客的目的地通常是容易到达的地方，而且重游率高。

（3）休闲旅游的淡旺季分化不明显。休闲旅游有时间较短、旅途较近的特点，使得其出游的时间不长，所涉及的空间范围较小，而且出游的时间分布也比较均匀，不会受到季节的限制，一年中任何季节都有可以进行的休闲旅游活动。因此与传统旅游业相比，季节性并不是休闲旅游市场发展的制约因素。

（4）休闲旅游的形式。以家庭为单位出游成为人们进行休闲旅游的主要方式，特别是便利的近途休闲旅游受到了现代家庭的青睐。休闲旅游的日程安排较为松散，在一个旅游地停留的时间较长；而观光旅游通常是长途旅游，常出现一天之内游览多个景点的情况，注重满足视觉审美而忽视内心体验和感受。

# 三、休闲旅游的产品类型

## （一）观光型休闲旅游

传统的观光型旅游产品，其行程较为紧凑，旅游者在一天之中要游览多个景点，整体旅游产品的安排还是围绕着旅游的六要素，目的在于在最短的时间内让游客体验到最多的旅游内容。然而这种旅游产品往往使旅游者疲惫不堪，失去了旅游是为了放松休闲的本意。观光型休闲旅游产品，是指旅游者主要通过相对舒缓、悠闲的游览方式实现观光休闲的目的。这类旅游包括欣赏城市风光、山水自然景观、特殊建筑等以及其他独特或垄断型的旅游资源，包括景点旅游和"无景点"旅游。

人们出游的主要目的之一是到久居地以外的地方进行参观游览，通过视觉、听觉、味觉等感官来达到审美的需求。只有处于悠闲、放松的状态时，人们才能够更好地通过已构建的个人审美标准去细细品味旅游中的美好事物。

## （二）自然生态休闲旅游

在休闲产业蓬勃发展、休闲消费备受青睐的现代社会中，旅游成为城市居民选择的主要休闲方式。但是，休闲旅游在带来经济效益和社会效益的同时也产生了许多不良后果和负面效应。因而，自然生态休闲旅游应该成为休闲旅游的一个重要门类，其突出特点是"生态性"。

与传统的大众旅游相比，自然生态休闲旅游强调对旅游对象的保护。各利益主体在利益驱动的心理支配下对可能实现的利益空间进行理性追求和良性互动，在分享大自然带给我们的休闲快乐之时，有意识地去保护环境和维护生态的健康发展，使旅游业呈现可持续发展的生命力。通过增强生态伦理道德，规范自身行为，可以引导他人行为规范；通过满足多方面的精神追求，激发创造潜能，可以为社会贡献更多的个人才智。

## （三）体验型休闲旅游

与传统的大众旅游相比，休闲旅游以休闲为主要目的，强调旅游者的休闲体验，这就需要通过参与使精神得到调整，从而获得一种平和、舒心的意境。旅游者在特定的旅游环境中，通过体验当地特有的民俗风情、生产生活方式以及文化氛围等实现休闲的目的。"农家乐""渔家乐"就是体验型休闲旅游的典型代表。

体验型休闲旅游的特点就是旅游者能够参与其中，真实地感受到所处环境带给自己身心的体验，在旅游期间以一种完全不同的生活方式度过每一天，这对于长期处于某一种生活状态，尤其是生活在城市中、工作压力大的人们来说，可以有效释放压力，体验更多的生活乐趣。

## （四）文教型休闲旅游

休闲自古以来与教育紧密相关，因而休闲旅游也离不开对知识、文化等的追求，文化教育类的旅游活动同样也就成为休闲旅游的重要组成部分。文化教育休闲旅游是指那些重点突出教育功能，围绕学习教育、增长见识来组织旅游活动，具有专业性、知识性和趣味性的休闲旅游活动类型。文化教育休闲旅游的形式多种多样，或考察风俗文化，或探究一门学科或学习一种语言，或参观高等院校，甚至只是休闲阅读开阔视野，但最终都是为了达到文化教育的目的。

从某种意义上讲，文化教育休闲旅游是一种社会文化活动，它对系统内的个体和社会都有一定的影响。从个人来讲，文化教育休闲旅游可以使人开阔眼界、增长知识、娱悦身心等；从社会的正向显性功能来看，文化教育休闲旅游可以提高公民的素质，有助于和谐社会的构建。因此，文化教育休闲旅游具有社会教育的功能，是社会教育的一种重要方式。

## （五）康体运动型休闲旅游

休闲旅游也可以带有竞技、健身等因素，这就是运动体育休闲旅游。它同样能让旅游者全身心地投入到某项活动中去，从而创造有价值的旅游体验。运动体育休闲旅游以其体育休闲旅游资源作为体育活动的载体。由于追求自然与健康是运动体育休闲旅游需求的原动力，运动体育休闲旅游的吸引物主要由自然资源和适宜于自然资源的休闲体育活动共同组成。自然资源和休闲体育活动都可以使参与者产生体验，而二者的结合会使旅游者产生非凡的体验，同时满足参与者对自然和健康的追求。

除了旅游的普遍功能外，运动体育休闲旅游还有以下的功能和作用：有规律的运动有助于心理健康，具体表现在它能减少消极反应（如焦虑和抑郁等）和增强积极反应（如自我效能、精力充沛和身心健康等）；体育活动能提高居民承受生活压力影响的能力，即提高压力免疫能力；体育活动为旅游者提供一种较佳的体验状态等。

运动体育休闲旅游作为一种社会文化现象，正成为 21 世纪旅游消费的新趋势。人们离开常住地，以积极的身体运动为主要内容进行一系列能促进身心调节、达到自我愉悦需要的活动形式，日益成为休闲旅游的一种重要形式。因而，运动体育休闲旅游是休闲旅游的一大门类。

## （六）节事娱乐型休闲旅游

目前，在人们的生活中，节事活动林林总总。许多传统的节庆及现代事件，其本身就是一种休闲活动，人们参与其中也是为了达到娱乐和休闲的目的。旅游具有休闲的属性，节事旅游同样也可能是为了休闲，因而以休闲目的为主的节事旅游我们称为社会节事休闲旅游。

社会节事休闲旅游的开展须具备以下几个方面的要素：第一，参与要素。旅游者期待"参与性"的活动，人们对旅游节庆的关注已经不仅仅停留在做旁观者，而是希望做参与者亲自加入到旅游节庆的活动中去，体验其中的快乐和兴奋。第二，狂欢要素。旅游节事要避免乏味和枯燥，能令人兴奋的或狂热的节庆活动才能引起广泛的关注和参与。旅游者希望"偶发性"事件，这是因为现代社会的方方面面都逐渐步入程序化，更多的人希望在乏味枯燥的生活中有预想不到的事情发生，并为此而兴奋。第三，娱乐要素。旅游节庆要避免繁杂和陈旧，能使人感到轻松和快乐的节庆活动才能成为旅游者的选择对象。第四，炫耀要素。比较著名的节庆活动或传统的节日一般有很强的吸引力。项目内容的"稀有性"可以满足人们的猎奇心理。一些距离比较远的或远离普通的生活形态的旅游节，同人们每天的日常生活相差悬殊的旅游节，对旅游者也很有吸引力。

## ？ 复习与思考

### 一、 名词解释

休闲活动　休闲时代　休闲旅游

### 二、 选择题（每题至少有一个正确答案）

1. 以下属于运动性休闲活动的有（　　　）。

A. 攀岩　　　　　B. 逛街　　　　　C. 太极拳　　　　　D. 画画

2. 旅游的性质主要有（　　　）。

A. 异地性　　　B. 短暂性　　　C. 享受性　　　D. 休闲性

3. 可以用于休闲的时间有（　　　）。

A. 每日闲暇　　B. 每周闲暇　　C. 公共假日　　D. 带薪假日

4. "农家乐""渔家乐"属于（　　　）休闲旅游类型。

A. 观光型　　　B. 体验型　　　C. 康体娱乐型　　D. 文教型

5. 社会节事休闲旅游的发展必须具备的要素包括（　　　）。

A. 参与要素　　B. 狂欢要素　　C. 娱乐要素　　　D. 炫耀要素

### 三、简答题

1. 休闲活动分为哪四种类型？
2. 休闲旅游与一般旅游相比有什么特点？
3. 休闲与旅游的关系本质是什么？
4. 休闲旅游活动有哪些类型？
5. 为什么说休闲旅游是一种精神文化活动？

### 四、案例分析

#### 深圳观澜湖休闲旅游度假区

　　位于广东深圳的观澜湖，早在多年以前，就以 12 个国际巨星设计的高尔夫球场成为全球最大的高尔夫球会。然而，高尔夫似乎仅仅是一个产业链亮丽的支点，由此发展出了一个完整的产业链和完善的综合休闲生态系统。观澜湖通过发展综合休闲旅游项目，完善多元休闲产业群，核心业务已经涵盖大型综合休闲旅游区开发、休闲地产发展、国际赛事运营、高尔夫体育休闲、酒店、矿温泉 SPA 养生、餐饮、娱乐购物、商务会展、教育培训、商业运营、文化产业等领域。观澜湖更以国际顶级体育赛事和文体巨星交流活动为亮点，成功发展成为当前最具竞争力的参与型、运动型、养生型、商务型、会议型、康体文娱型休闲度假区。2011 年 5 月，观澜湖被全国旅游景区质量等级评定委员会评定为国家 5A 级旅游景区。现在的观澜湖已经发展成为集运动休闲、商务休闲、养生休闲、会议旅游、文化娱乐、美食购物、长居短憩等多功能于一体的国际休闲旅游度假区。

——资料来源：观澜湖——中国休闲旅游第一商业案例［J］.

证券市场周刊，2011.

根据以上案例，回答如下问题：

1. 运动性休闲项目应该如何更好地发展？
2. 怎样将休闲旅游的不同类型进行融合？

## 推荐阅读

1. ［奥］克劳斯·韦尔梅尔，克里斯廷·马西斯著，宋瑞，马聪玲，蒋艳，译. 旅游和休闲业——塑造未来［M］. 上海：格致出版社，2012.
2. 程遂营. 文化视野中的旅游与休闲研究［M］. 北京：中国经济出版社，2013.

# 第六章

# 城市与休闲

　　随着经济的发展、城市的壮大以及人们生活水平的提高、闲暇时间的增多，人们对城市休闲的需求也越来越多，休闲已成为推动我国城市发展的一项重要的新生力量，成为一个城市富裕、发达和文明程度以及公民生活质量和水平的重要衡量指标。城市作为目前我国休闲的主要载体，它的发展对于休闲旅游或休闲产业的发展起到了重要的作用，城市休闲和城市发展存在着密切的关系。

　　本章从城市的功能分析入手，介绍了城市与休闲之间的关系、城市的休闲功能、城市休闲的规划与管理、城市休闲的发展趋势以及城市休闲旅游发展的模块体系。

## 学习目标 >>

### 知识目标

1 了解城市与休闲的关系。

2 熟悉城市休闲发展的趋势。

3 掌握城市休闲旅游的体系。

### 能力目标

1 熟悉主要的城市休闲项目。

2 熟悉城市休闲购物的发展方向。

3 掌握建设休闲旅游城市的系统。

### 杭州打造"东方休闲之都"

杭州作为我国"七大古都"之一，有着优秀的休闲历史传统和各具特色的休闲资源，但这种资源依托型的增长模式却使杭州的发展陷入了两难境地。著名遗产"西湖"既是使杭州从众多城市中脱颖而出的历史性资源，也是附加给杭州经济发展的制度限制。

自杭州成功申办 2006 年世界休闲博览会之后，杭州市政府开始精心打造"东方休闲之都"的品牌，提出大力发展以旅游为龙头的现代服务业，积极打造旅游观光、休闲度假、会议展览三大板块，不断扩大和提高国际性商务、会议、展览活动的规模和档次，完善旅游设施建设，完善市、县两级旅游集散网点，从政策法规和资金上给予支持。杭州市政府还拨出专款进行国内外的宣传促销，以市政府领导班子人员牵头频频亮相于国内外的旅游展览会，并邀请国内著名规划中心和西班牙著名规划公司为杭州编制旅游发展总体规划。打造"东方休闲之都"成为杭州走出旅游发展困境的一种新尝试。

——资料来源：郭鲁芳. 中外"休闲之都"形成与发展之比较研究［C］.

首届上海旅游论坛，2005.

**案 例 分 析**

1. 分析休闲产业在现代城市发展中的地位和作用。
2. 城市的休闲产业应如何发展？

# 第一节　城市与休闲的关系分析

## 一、城市的概念

在汉语中"城市"一词最原本的含义是"城"与"市"的结合。"城"指四周用于防御的墙垣。"市"指集中做买卖的场所。如果把"井"理解为一种早期的居住点，那么最早的"市"就是在"井"边，是"因井设市"。随着"市"的时间、地点逐渐固定，以及"城"的范围不断扩大，早期的城市就产生了（徐明宏，2004）。

《现代地理学辞典》中"城市"的定义是："城市是具有一定的人口和建筑、绿化、交通等用地规模，第二及第三产业高度聚集的以非农业人口为主的居民点。"

芝加哥城市学派认为，城市不是一种外在于人的存在物。城市不仅是自然的产物，是建筑物、交通、生产等系统在空间上的构成形式；更主要的是人性的产物，是人的社会关系和文化构成。城市与人的需要密切相关。人的需要决定了城市的产生，而城市的产生和发展又延伸了人的需要、创造了人的需要。

芝加哥城市学派给城市下的定义更加突显了城市中人的地位。生活在城市中的人的生活理念、价值取向、行为方式和处事特点，决定了城市的性格。因此，休闲城市的构建应重点挖掘该城市居民的特色休闲生活，形成其不可模仿的吸引力。

## 二、城市功能

### （一）城市功能概念

城市的本质是人类为了满足自身生存和发展需要而创造的人工环境。城市功能则是人类满足需要的载体，必须充分体现人的需要。未来城市功能的发展，也必须与未来人的需要相适应。

城市功能（city function）也称城市职能，据《环境科学大辞典》，它是指城市在国家或地区内政治、经济、文化生活中所承担的任务和发挥的作用，以及由于这种作用的发挥而产生的效能。更多的描述型定义是从城市功能分类的角度来说明的。吴郝等将城市功能分为主要功能和基本功能，主要功能指的是由于政治、经济、文化以及自然、地理等方面的历史和现实因素所决定的一个城市在国家建设和社会经济发展中所占的地位和应发挥的作用，一般称之为城市的性质，如北京是全国的政治中心、文化中心。城市的基本功能则体现了人的本性和人的需要，反映了各个历史时期和各类城市的一般性功能，反映了城市的共性。城市功能按照功能服务对象或范围的不同，分为外部功能和内部功能。外部功能是城市主要为本市以外的区域提供服务的功能，内部功能是为本市提供服务的功能，目的是保障城市的正常运转。

### （二）城市功能变迁

孙志刚（1998）分别分析了前工业社会时期、工业社会时期、当代社会的城市功能，并总结出城市功能叠加性发展规律：即城市功能的发展经历了一个从单一功能到多元功能、从简单功能到复杂功能、从低级功能到高级功能的发展过程。

在前工业社会，城市的功能主要偏重于军事、政治、宗教等非经济方面；工业革命后，生产力的飞速发展带来了城市工商业的繁荣，城市的经济功能上升为主导地位，城市成为工业生产、商业贸易、交通运输等经济活动的中心；在后工业社会，西方社会由工业经济向知识经济转变，城市功能也发生了相应的变化，信息空间、服务空间、消费空间和休闲空间趋向城市中心化，而原有的生产空间尤其是制造业，由于地价上涨、环境污染和劳动力成本提升等问题，则逐渐非城市化（郊区化）和边缘化。于是，西方城市在很大程度上成为消费城市、信息城市、服务城市和休闲城市，并由此获得了新的发展动力。20世纪80年代开始，纽约、伦敦等以工业起家的城市，将大量的工业企业进行外迁，依托内河沿岸发展旅游业、服务业，城市功能的置换使城市变得更为美丽、休闲、有品位。作为消费休闲空间，城市吸引人们前来消费、购物和休闲，极大地促进了商业、房地产业、信息业、文化娱乐业、服务业和基础设施等领域的发展，这种情况反过来又有利于城市吸引投资和城市发展，并成为带动周边经济发展的龙头（徐明宏，2004）。

从世界城市发展史角度看，人类历史在原始社会、工业化社会和后工业化社会的基础上又有了细分，城市发展大体可以划分为五个阶段，即前城市化阶段、城市化前期阶段、城市化中期阶段、城市化后期阶段和成熟的城市社会。城市发展阶段往往和城市产业发展阶段相对应，其特征和功能也不同（表6-1）。

表6-1　城市发展阶段及功能演化

| 城市发展阶段 | 前城市化阶段 | 城市化前期阶段 | 城市化中期阶段 | 城市化后期阶段 | 成熟的城市社会 |
|---|---|---|---|---|---|
| 产业阶段 | 农业为主 | 工业化前期 | 工业化中期 | 工业化中后期 | 后工业化时代 |
| 特征 | 城市增长缓慢 | 轻工业发展，城市快速增长 | 重工业化过程深化，城镇人口迅速增长 | 技术密集型的制造业和第三产业迅速发展 | 以服务业、第三产业为主导，城乡一体化 |
| 城市功能 | 商业功能不明显 | 生产功能凸显 | 以生产为主，服务功能居次 | 由生产主导向服务主导转变 | 服务功能占主要地位，休闲功能凸显 |
| 发展目标 | 人口聚集 | 人口、生产要素集聚 | 规模经济 | 有影响力、有品牌的城市 | 更加重视生活品质和民生 |

社会发展的现实表明，为休闲而进行的各类生产活动和服务活动日益成为经济繁荣的重要因素，特别是在大中城市中，各类休闲活动已经成为经济活动得以运行的基本条件。尽管从历史的角度看，城市的产生和发展主要依赖制造加工业的繁荣，然而，如今城市的经济模式已经开始转向依赖休闲活动的兴旺发达。因而，城市经济的良性循环在很大程度上也越来越依赖休闲要求的实现，这种休闲产业的发展随处可见。例如，在都市中河、湖、港口附近区域的商业开发、娱乐设施、餐饮服务、体育竞技，还有旅游观光、名胜古迹的开发利用，以及节假日和各类庆典场合的商业促销，各类非职业技能培训式的成人教育，众多高雅艺术的蓬勃发展，所有这一切无不反映出经济模式在向以休

闲为依托的经济转变。甚至标志生活质量的各项指标，其大部分内容同人的休闲有关（比如公园绿地、艺术场馆、社区宁静程度、自然环境状况等）。一个地区如果拥有这些条件，那么对于日后的经济繁荣将起到关键性的作用（马惠娣，2004）。

**课 堂 思 考**

*如何更好地发挥城市的休闲功能？*

## 三、城市与休闲的关系

### （一）休闲是城市的基本功能

在《雅典宪章》中，将城市的功能分为了居住、工作、游憩和交通四大块，指出"现有城市中普遍缺乏绿地和空地，认为新建住宅区应预先留出空地作为建造公园、运动场和儿童游戏场之用；在人口稠密地区，清除旧建筑后的地段应作为游憩用地；城市附近的河流、海滩、森林、湖泊等自然风景优美的地区应加以保护，供居民游憩之用"。"游憩"和"休闲"的内涵基本一致，只是在时间和空间方面有细微差别。

人类的生存需要和发展需要构成了城市功能的基础。人们的休闲潜力和能力是通过可自由支配时间、可自由支配收入和休闲意识等体现的，它一方面取决于宏观环境和自身素质，另一方面也取决于休闲的供给和服务。创造良好的制度环境和经济基础，提供更加多样化、多元化的休闲产品和服务，是满足人们休闲需求的有效方式。

### （二）休闲产业促进城市发展

城市在社会经济生活中所承担的任务和发挥的作用，是通过城市的各种休闲产业活动实现的，培育休闲产业体系，使休闲产业在城市经济、社会、文化、环境、就业等领域发挥积极作用，完成城市产业形态的调整和变化；城市的休闲产业成为城市品牌和形象的载体，具有独特吸引力环境来吸纳与之相关的人力、资本、信息、资源、市场、文化等要素，实现城市的休闲集聚功能。

近100年来，物质生产极大丰富，证明了是休闲而不是劳动使得工业资本主义走向成熟。正是由于休闲消费的普遍存在，才使各种休闲产业不断诞生，为解决就业创造了条件。从经济学的角度看，休闲经济的崛起，能调节国民收入的再分配，缩小贫富差距。在西方发达国家，一方面，有闲阶层的消费可以使货币回笼，使资本在运转过程中增值。另一方面，有闲阶层的非物质消费促进了各种服务业的发展，许多新兴产业应运而生，为社会提供大量的就业机会，财富在再分配过程中使更多的人受益，同时，缓解了失业和再就业人员对社会的压力。现代城市的服务功能越来越显著，商业、信息产业、金融业、旅游业、休闲业、文化产业等第三产业的发展成为传统城市转型的方向。第三产业的发展既标志着城市的发展水平，也标志着城市功能的转变。休闲产业是包容性大、领域宽、范围广的服务业，它的聚集与发展对城市经济高效、持续发展有重要的影响。

# 第二节　城市休闲功能

## 一、城市休闲功能的内涵

由城市功能概念界定以及城市功能存在形式，可演绎推理出城市休闲功能概念的内涵：城市休闲功能是指在具有特定结构的城市休闲节点及其相互间的物质、信息和能量的集聚、极化、优化配置过程中，所表现出来的满足居民和游客身心愉悦、恬淡闲适、价值展现，以及城市休闲经营、城市人力资源再生产的属性、能力和效用。城市休闲节点包含休闲活动项目、休闲设施、休闲服务、休闲文化以及休闲组织管理等要素。

## 二、城市休闲功能的分类

研究城市的休闲功能，可以从不同角度进行多种划分。按照实现休闲功能供给主体的不同，可以将城市休闲功能划分为城市公益性休闲功能、城市商业性休闲功能、居民自我性城市休闲功能三种不同的类别。

### （一）城市公益性休闲功能

城市公益性休闲功能是指城市中由政府和各社会团体投资兴建的公共福利设施以及提供的免费服务，包括非营利性城市休闲功能和公益性城市休闲功能。非营利性城市休闲功能是指那些由政府直接领导，获得政府拨款资助，不以营利为目的，仅向城市居民收取成本费用的企业或机构提供的场所或服务，如城市动植物公园、图书馆、博物馆等。公益性城市休闲功能是指政府、民间组织或联合协会等机构从关注人类自身基本休闲需要和休闲环境的目的出发，满足城市中大多数人休闲需要所提供的场所和服务，如城市绿地、休闲广场、步行街和各种各样的休闲健身活动中心等公共活动空间以及为此提供的相关服务，是城市为居民提供的具有一定福利性质的休闲服务。

影响城市公益性休闲功能的因素包括：第一，政府规制。政府规制主要是指运用制定城市规划、制定政策等宏观调控手段，引导休闲行业的发展和分布，完善城市的休闲功能。通过规划使公园绿地等大型休闲场所衔接合理、分布科学，可以使城市居民公平地享受到各种公益性休闲设施和场所，提高全体居民的居住环境和生活质量。第二，区域人口数量。公益性休闲设施的分布密度以及分布规模都要受到人口数量的影响，人口分布越密、规模越大，理论上公益性休闲设施场所应该越多。

### （二）城市商业性休闲功能

城市商业性休闲功能是指城市中休闲产业领域或者相关领域的企业，以利益最大化为基本准则，凭借市场高度敏感进行资本优化配置，在顺应休闲时尚、紧跟时代潮流方面具有较大的灵活性，其所提供的各类个性化休闲服务及设施。例如，旅游景区景点、体育健身俱乐部、剧院、游泳馆、滑雪场、舞厅酒吧、休闲俱乐部、野营中心、温泉、休闲度假村、主题公园、游乐园等。传统上来说，它主要包括四个领域，即休闲旅游业、文化传播业、体育健身业和休闲娱乐业。

影响城市商业性休闲功能因素的有以下几个方面：第一，产业集群化程度。竞争会使经营同种业务的商业设施趋于分散，以占据尽可能大的市场空间，同时也会产生功能互补，形成各种专业化的商业中心。商业性的休闲功能的发展必须依靠各种休闲设施的聚集，形成一定的商业中心，才能有利于长期的发展。第二，区域地段等级因素。一般情况下，由于地价的差别，地段等级也不同，会影响商业性休闲设施、场所的等级和规模。高级别的商业性休闲设施会占据高价位的地段，低价地段所拥有的低级别的休闲设施和场所则会比较多。第三，自然条件因素。不少休闲设施、场所是依据一定的自然历史条件建成的。尤其是像北京这样有着悠久历史文化的城市。

### （三）居民自我性城市休闲功能

自我休闲是指人们在闲暇时间内，不需要直接借助社会相关设施或接受社会的有关服务而进行的自娱自乐活动。例如，在平日闲暇时间或周末双休日，人们在家里上网聊天、玩游戏，与亲朋聚会，开怀畅饮；或好友相逢，品茗、闲聊、打牌、游戏等都属于自我休闲的范畴。这类休闲活动不会带来经济效应，因此一般不被列入休闲经济研究的对象。对于城市居民尤其是低收入的弱势群体来说，这部分休闲需求在其所有休闲需求中占有主要地位，因此居民自我性城市休闲功能的研究对于提高城市居民整体休闲水平有着非常重要的意义。居民自我性城市休闲功能可以定义为，城市系统中为居民所提供的可以进行自我休闲的所有便利条件。例如，城市的网络信息服务、节假日制度、电视广播传媒的发展、动漫游戏的发展等。

影响居民自我性城市休闲功能的因素有以下两个方面：第一，社会经济、文化发展水平。社会经济、文化发展水平越高，各项社会福利保障制度越完善，广播传媒技术越发达，节假制度设计越合理，将越有利于居民的自我休闲活动。第二，城市发展阶段。城市发展水平是影响居民自我性城市休闲功能的一个因素。处于不同发展阶段的城市，其侧重发展的功能不同。在城市发展初期，受居民休闲需求的刺激，主要是公益性和商业性城市休闲功能的发展，等城市发展到一定水平以后，才会有居民自我性城市休闲功能的发展。

表6-2　城市休闲功能的分类

| 类型 | 公益性休闲功能 | 商业性休闲功能 | 居民自我性城市休闲功能 |
|---|---|---|---|
| 内容 | 动植物公园<br>图书馆<br>博物馆<br>城市绿地<br>休闲广场<br>步行街<br>旅游信息中心<br>社区活动中心<br>街心公园 | 旅游景区景点<br>体育健身俱乐部<br>剧院<br>游泳馆<br>滑雪场<br>酒吧<br>休闲俱乐部<br>野营中心<br>温泉<br>休闲度假村<br>主题公园<br>游乐园 | 网络信息服务<br>电视传媒服务<br>动漫游戏<br>节假日制度 |

课 堂 思 考

城市如何更好地建设公益性休闲场所？

# 第三节　城市休闲规划与管理

城市中的休闲供给，特别是以产业形式出现的供给体系，绝大部分是以营利性质出现的商业机构，但城市休闲的很大一部分设施和产品，是需要地方政府通过公益性投入实施的，尤其是在公共休闲设施、休闲环境的营造和城市整体休闲空间、休闲景观的设计与培育上，政府的职能十分重要。

# 一、城市休闲规划

## （一）城市休闲规划的内涵

在构建城市休闲系统时，城市规划是休闲管理的重要内容，它决定了城市未来的发展方向与战略选择。城市休闲规划的内容具有层次性，可以分为休闲城市规划和城市休闲规划。

休闲城市规划是相对于城市规划而言的，它要求城市的休闲功能在全部城市功能中占据显著位置，因此在规划布局和规划内容方面要求与城市规划、土地规划等衔接、兼容。休闲城市更强调人的主体价值性的规划理念，强调人定顺天的哲学观，强调分析利用自然、环境、社会、文化、经济等各种信息去构建城市休闲体系的整体系统，强调人与自然、人与人、人与社会之间的和谐共处，强调依托休闲空间和休闲功能的有机布局，强调引导休闲经济、休闲产业满足人的全面自由的发展。休闲城市规划总体上是以人的需要为核心的统一整体。

区别于传统的城市规划，休闲城市规划更注重（表6-3）以下三个方面：第一，规划的一体化。处理好本地居民和外来游客的休闲关系；把握休闲需求与休闲供给的关系；处理好政府主导建设休闲城市与市场内生发展休闲产业的关系；把握好时间和空间的关系，制度组织创新和传统体制的关系，市区和周边的关系。第二，空间布局的合理性：对城市内各功能区块之间，以及与区内休闲设施的休闲功能进行合理的分布，处理好城市内居住、工作、交通和休闲等功能之间的关系。第三，规划编制的开放性：规划编制的过程中，应积极吸取并予以体现社区和公众对城市休闲规划的意见，切实反映出休闲的大众性与休闲权利的普及性。

表6-3　传统城市规划与休闲城市规划比较

| 项目 | 传统城市规划 | 休闲城市规划 |
| --- | --- | --- |
| 哲学观 | 主宰自然，人定胜天 | 与自然协调共生，人定顺天 |
| 规划价值观 | 掠夺自然（扩张型） | 人—自然和谐（平衡型） |
| 规划理念 | 方便管理，体现政绩 | 人的主体性价值体现 |
| 规划方法 | 物质性体系规划 | 城市休闲体系整体规划 |
| 规划内容 | 形体+经济（城市） | 人+自然（城乡） |
| 学科范畴 | 独立学科 | 交叉、综合学科 |
| 规划程序 | 单向、静止 | 循环、动态 |
| 规划管理 | 行政 | 教育+法律 |
| 决策方式 | 封闭、行政干预 | 开放、社会参与 |

城市休闲规划与城市休闲在内涵上相一致，是按照需求、约束条件和项目定位由一系列专项规划组合而成，包括针对不同人群的专项规划、针对休闲产业类别的专项规划、针对市场开发与营销推广的专项规划等。特别是对本地具有特色和创意的新型项目，政府在挖掘市场、招商引资、政策导向等方面应该扮演重要角色。

### （二）城市休闲规划的标准

如果不考虑其他因素，可以建立保证公平使用机会的休闲空间模型，保证合理层次的尝试休闲供应。但现实社会受到很多因素的制约和影响，如公共部门经济效益的考虑、财政支出形势的制约、文物古迹保护的需要等。因此，休闲规划必须在理想与现实中找到一个最恰当的平衡点。

新西兰的规划部门在规划公共空间时，认为新世纪的城市休闲规划需要构建一个包括如下要素的系统：主动休闲区（如娱乐场地、体育中心）；被动休闲区（如野炊场所、步行路径、骑马路径、自行车路径、草地）；保护区（如自然保护区、自然路径）；农业区（如小块菜地、商业菜园）；日常休闲区（如街道）。

针对城市休闲设施的不同层次，所占公共空间大小在不同国家有不同标准。例如，美国的公共空间平均标准是 3~7.5 公顷/千人，英国是 4.5 公顷/千人，而南非是 2.8 公顷/千人。这些标准是在不考虑质量、需要和区位的情况下，只根据最低要求提出的数量标准。然而，创新性的规划方法应当考虑当地休闲要求，较少依赖空间标准，更加重视"使用者""市场""地方文化"以及特殊目标群体的个别需要，包括年龄、性别、民族，还要考虑不同的地点与空间。因此，在进行城市休闲规划时，应进行大量市场研究、分析当地休闲需求，采用地理信息系统技术匹配供求关系，运用供应模型与当前休闲消费趋势建立联系，更加重视地方需要和特殊使用群体需要。

## 二、城市休闲管理

（1）休闲管理制度与公共休闲供给。城市管理模式应当从控制型管理向服务型管理转变。对居民特别是弱势群体的休闲权利提供法制化、制度化的保障，在休闲制度供给和休闲能力保障上确保有效需求的满足程度。宣传并树立"时时处处"的休闲理念，在城市生活和建设的各个方面根据人性化的要求进行休闲的开发。尽量延长休闲设施和场所的开放时间，充分利用休闲空间，减少自然、气候等方面的制约，合理配置户外休闲和室内休闲的供给。政府在休闲产业和休闲经济发育的不同阶段给予市场不同的指导，着力创造公共休闲空间，发展公共休闲项目，指导企业的休闲产品供给。注重空间布局的合理性，注意各功能区块之间的匹配衔接，充分发挥各功能区及区内休闲设施的休闲功能。

（2）休闲文化的挖掘与传承。文化遗产尤其是非物质文化遗产是重要的休闲资源，是休闲生活的重要内容，也是公共管理体系不可遗漏的一环。休闲是文化遗产保护、传承和利用的重要方式，通过活动性项目、博物馆等文化场馆、民间收藏等多种方式和行为展示城市非物质文化遗产，积极鼓励传承，实施动态性整体保护。突出城市文化和民族特色，使各类非物质文化遗产融入日常生活，把非物质文化遗产转化成城市休闲文化的亮点和休闲品牌的重要支撑。

（3）休闲活动安全管理。安全是人的需求层次中除了基础生理需求之外的首选需求。目前城市的物质生活使绝大部分人已经不需要考虑基础生理需求，但是安全问题却一直是贯穿城市发展过程的重要问题。城市休闲活动是在社会治安形势良好、公众感知安全系数高的基础上展开的，同时也要求各类休闲设施符合安全标准，以及拥有完善的安全应急处理机制和安全保障设施规范。

（4）休闲环境优化管理。城市休闲环境既有休闲资源、城市景观、休闲产品和服务等直接用于休闲消费的硬环境内容，也有城市休闲各要素之间相互协调发展的软环境内涵。城市景观的构建应坚持以人的需要为出发点，致力于提高本地居民的休闲生活质量，尽量避免由于对休闲资源的挤占而影响消费群体的休闲质量。协调休闲管理机构与相关部门的配合，弥合行政管理体制下部门管理水平不齐、条块分割的不足，提高管理水平和国际化程度。

# 第四节　城市休闲发展趋势

## 一、传统模式室外运动设施的没落

人们传统的城市休闲场所主要是城市公园、室外消遣娱乐场地、运动场地和城市街道等。伴随着社会经济和科技的发展，这些传统的室外消遣娱乐场所使用频次有所下降。

在近 200 年的大部分时间中，城市公园为室外城市消遣娱乐活动提供了基本的公共设施，已经成为城市土地使用构成中不可缺少的部分。它为人们提供了一个既积极又安静的消遣娱乐活动场所。通过对城市公园用途的不断研究，研究者再次肯定了消遣娱乐场所具有地方特色和公益特点的价值。一些研究者简单明了地总结了公园的特点和吸引力："公园属于当地的设施；它们的使用频次较高；大部分人步行到公园；公园对所有年龄段的人开放"。再者，因为公园经常成为当地的集会地点和城市社区的中心，在帮助人们了解当地的文化和对某一地方的依恋方面有着重要的意义。

虽然公园很重要，但是有足够的证据证明很多城市居民对这些空间表示不满。越来越多的城市居民有超过一年甚至更长的时间没有去过公园。主要原因有三点：第一，城市生活节奏较快，人们平时没有太多的时间到公园休闲；第二，城市出现了更多的可供选择的消遣娱乐空间；第三，公众对于如公园这样的传统设施表示不满。

现在多数城市的传统休闲设施在管理和使用上都存在问题，从公众对工业化以后的城市休闲的喜爱和偏好来看，传统的休闲设施被广泛认为是过时的。城市公园存在的问题主要是以下的原因所致：第一，财政缺乏城市休闲的预算，开放公共场所的议题被当地政府束之高阁，不能解决较为陈旧的设施与焕然一新的城市面貌不协调的突出问题，这些综合因素最终导致缺乏管理的有效性。第二，由管理问题导致的直接结果是维护水平较差，总是以草坪区域为基础来设计景观的风格，缺乏魅力和美感。第三，公众对公共场所安全的担忧与日俱增，这种担忧是由于公园通常反映了城市的社会病态，成为游民和露宿者、醉汉、吸毒者、心理障碍者的聚集地。第四，恶意破坏公共财物的问题较为普遍，使得本已过时落后的基础设施完全失去了为公众服务的作用。

当然，不是所有的城市公园都处于衰落状态，也有许多城市公园的设施经过有效的翻新以焕然一新的面貌示人，并且持续拥有很高的使用率。这些城市公园通常是通过有计划的节目和促销活动来实现这一目的的。

人们对于城市公园的冷落从一个方面反映出公众的偏好和行为发生了变化。在许多城市里，其他形式的传统室外公共场所都不同程度地远离了人们生活的中心。也有一些城市通过重新设计城市中心区景观、设置步行街、加强基础设施建设等使传统室外休闲场所焕发出新的生机。许多具有传统意义的城市休闲娱乐场所在 21 世纪初期的休闲娱乐模式中尽力保持有限魅力，而在这种模式下，新的休闲模式正在出现。

## 二、城市室内休闲活动的兴起

### （一）家庭休闲消遣活动

家庭作为休闲消遣的娱乐场所的意义日益明显。总的来说，更多的休闲时间是在家里度过，而不是在城市的其他消遣娱乐空间里度过。这是由家庭环境所提供的一些优势所决定的，尤其是家庭环境所带来的舒适、方便、安全和隐私等优点。但是，它也是城市社会财富积累的结果：家庭配备高水准的消遣娱乐设备，使家庭成为休闲娱乐的地方。国家发展研究中心市场经济研究所和中国家用电器协会等部门的联合调研显示，2001 年，我国城市家庭中，电视机普及率达到 99.3%，拥有两台以上电视机的家庭占 36%。来自互联网消费调研中心 2013 年的数据显示，我国城镇家庭拥有 1 台以上电脑的家庭达 97.5%，北京、上海和广州等一些大城市的家庭电脑拥有率基本上趋于饱和。再者，人们积极参与家庭园艺和自己动手的活动反映了公众对被称为"生活方式"的消遣娱乐活动越来越感兴趣，以家庭为基础的兴趣爱好在消遣娱乐中已变得更加突出。

### （二）商业消遣娱乐场所

广泛使用室内消遣娱乐空间的趋势在商业界也很明显。城区成为商业消遣越来越重要的集中地。例如，酒店和酒吧、餐厅、音乐厅、KTV 和电影院等已经成为吸引大众的消遣娱乐场所。这些产业在近年来进一步得到了很大的发展，尤其是电影院光顾量的飙升，这主要是得益于影院现代化的设施。在我国，电影观影人次呈逐年递增的趋势，从2009 年的 1.82 亿人次增长至 2019 年 17.3 亿人次。

### （三）室内运动

室内消遣娱乐空间日益重要的第三个例子是一系列体育运动和健身消遣娱乐活动的室内化。这种变化是由于多功能室内运动和消遣娱乐中心设施的日益普及产生的，然而这种变化更主要是由于公众意识到锻炼身体有利于健康而产生的。在英国的英格兰和威尔士，室内体育中心从 1972 年的 30 个上升到 1995 年的 1500 个，到 1998 年公共室内游泳池已经超过 1300 个。根据最近的统计数据，英国 60% 以上的运动项目都是在室内进行的，其中大部分运动是在多功能运动中心进行的。1993 年美国有 13300 个经营性健身俱乐部，而到 2003 年，美国信息公司（INFOUSA）编辑的全美电话黄页列表中共收录了 23497 个健身俱乐部。

现代室内体育活动中心较以往传统的室外运动设施具有许多吸引人的优势。首先，运动环境可以控制，所以参与运动的人可以免受恶劣天气的影响，通常可以在干净、可靠以及安全的地面上运动。其次，由于设施集中，人们可以在一个地方参加许多运动项目，锻炼全身的不同部位。最后，由于为参与运动的人们提供了看台、酒吧、餐厅等场所，参与运动的社会氛围得到了强化，扩大了运动场周围的社交生活。

## 三、休闲购物的迅速发展

### （一）休闲购物的概念和分类

都市型生活方式的崛起，促成了大量人口聚集在紧密的地理区域内，这使得消费行为可以集中而大量地产生在一个特定地点内，而消费者的最大改变，则是消费的目的不再是只购买一种实质而看得见的物品，而是在购买一种"感觉"——这种感觉可以满足人类生理及心理的双重需要。

城市居民有许多购物行为，而且可以把这些购物行为视为相互补充的行为。一种行为是购买日用必需品的习惯行为，另一种行为是纯粹作为休闲娱乐活动的购物行为。当然，很多时候，个体的购物行为包含着多重内容。

休闲购物，既是指人们休闲活动的一种形式，放松心情、怡然自得，也是指一种购物的行为，是消费需求提升后，消费者在消费过程中获得精神满足的一种消费方式。

在现实生活中，人们的休闲购物行为可以分为三种方式：第一，购买休闲商品的购物行为。这种购物活动的目的是出于实用，尽管购物的目的是购买在其他休闲场所使用的商品。第二，购物与休闲结合的购物行为。这种购物活动既包括出于实用目的的购物行为，也包括光顾位于同一购物区域的休闲设施（如咖啡馆、电影院等）。第三，作为一种休闲活动的购物行为。这种购物活动的目的是在购物活动中消磨休闲时间，包括随意观看身处的购物场所环境、观看店铺的橱窗等无目的流行形式。

## （二）休闲购物的意义

尽管休闲购物的增长象征着 20 世纪末期后工业化城市生活方式的变迁，但是，购物作为打发休闲时间的消遣娱乐活动，早已不是什么新鲜事物。商店有可能为购物活动提供"一种快乐，一种娱乐以及一种消遣娱乐"。逛商场是一种"短途旅行"，因此也成为城市旅游和当地休闲娱乐的一部分。

在北美，购物已经成为仅次于收看电视的第二重要的休闲活动。休闲购物在现代城市生活中的重要地位并非归功于购物作为传统商品交换的角色。购物的重要性更在于购物对确定文化特征、反映文化价值观和反映相关的生活方式均具有非常重要的影响。购物不仅仅是获得商品，还是对商品认同的购买，甚至对"必需品"消费的环境也有选择，购物反映了消费者自身的决定、偏好、形象以及社会等级等特点。从更广的范围来理解，购物和购物场所是生产消费者文化的主要因素。在这种文化中，购物的常规作用已经成为伴随人们追求多种多样的消遣娱乐和休闲活动的产物。从某种意义上讲，购物商场的重要意义是因为它能为消费者提供一个使消费和休闲同时进行的新的空间，而在过去，这些活动是分散在不同地点、不同时间或者由不同的人来进行的。

## （三）大型购物中心的发展

起源于美国的大型购物中心（Shopping Mall），目前在欧、美、日等先进国家成为最蓬勃、最先进重要的商业业种，在我国城市经济发展中也扮演着越来越重要的角色。一个现代化的大型购物中心都是一个宛如都市的大型复合式设施，除为了满足原本的消费零售功能而必须具有的销售设施（百货商店、各类专卖店、超级市场）外，更加注重提供以下服务：第一，公共行政机构的服务设施，例如电信局、邮局、咨询服务中心及其他由政府所能提供的公共服务机构。第二，室内的社交及休闲活动设施，例如电影院、艺廊、画廊、文化中心、会议中心等设施，或是游泳池、健身房及运动场等休闲场地。第三，室外的社交及休闲活动设施，例如活动广场、露天舞台、小型公园、儿童游乐场地等。第四，其他例如饭店、旅馆、办公大楼、银行、美术馆、医院甚至小型广播电台等大型服务设施。

大型购物中心的吸引力通过幻想和暗示的复杂设计来体现。这种幻想和暗示改善了购物通常在简单背景里所发生的空间环境，使它成为一个让消费者能全方位体会购物经历的完整空间，为消费者创造了消遣娱乐和休闲的氛围。

课 堂 思 考

我国城市休闲购物发展中存在哪些不足？

# 第五节　城市休闲旅游

## 一、城市休闲旅游的内涵

休闲旅游关注旅游者从旅途中获得的精神感受，主要指旅游者通过度假、娱乐等活动来提升自我知识水平、保持身心健康等较高层次的旅游形式。由于休闲旅游在传统观光旅游的基础上满足了旅游者在释放精神压力、参与娱乐活动、与大自然亲密接触的需求，逐渐成为当前旅游市场一种主流的发展趋势，备受学界和产业界的重视。城市是旅游业发展的主要载体，其在旅游活动中通常具有客源地、目的地和集散地的作用，而且也是一些旅游资源和产品、旅游基础设施的所在地。城市休闲旅游，即以城市为基础，依靠城市的特有资源和优势来发展休闲旅游，是旅游业发展的趋势。

王冬萍（2007）给城市休闲旅游下的定义为：城市休闲旅游是指城市居民利用闲暇时间在城市及其周边地区通过各种度假、健身、娱乐、游憩等活动，以满足恢复身心、开阔视野、自我实现等需求的旅游形式。

## 二、城市休闲旅游要素体系

王琳、杜小平（2007）指出，城市休闲旅游竞争力的提升依赖资源、环境、服务、管理四大模块要素的相互作用和协调发展的水平。资源、环境、服务、管理四大模块要素相互作用、协调发展达到最佳状态时，会产生城市休闲旅游的竞争能力。

### （一）城市休闲旅游资源要素系统

该要素模块是城市休闲旅游运行核心要素的基础，其外在表现形式是城市游憩系统空间布局。休闲旅游资源的组合优化是休闲吸引物的载体，是休闲旅游产品的外在表现形式，是吸引休闲人流和资金流的基础条件，是产生休闲需求的基础。它直接与休闲市场挂钩，决定着休闲旅游的经济效益。

休闲旅游资源要素体系的构成需要四个条件：一是具有一定数量、种类及一定吸引力的休闲旅游资源；二是具有区别于他地的、具有稀缺性的，并在后天经过优化组合的休闲旅游资源质量；三是该休闲资源在区位、交通、离客源地距离上具有一定优势条件；四是与休闲资源密切相关的物质条件上具有可持续发展的能力。该要素包括：休闲旅游资源总量、休闲旅游资源特质、休闲旅游资源优势及休闲旅游相关资源供给能力四个方面的变量。

### （二）休闲旅游服务要素系统

该要素模块是城市休闲旅游体系的核心，是城市休闲旅游总体水平的决定因素。从服务经济学角度讲，服务既是无形的，也是有形的；它已经成为一种产品，贯穿于市场经济的全过程。在大多数经贸行为中，产品与服务互为渗透，互相支持，已经成为不可分割的整体。休闲旅游服务与旅游产品具有同等地位，休闲旅游服务质量决定休闲旅游资源的经济效益，与休闲旅游目的地形象密切相关，它具有可感知性、与消费同步进行、不可贮存等特性。1994年，世界旅游组织提出了"高质量的员工，高质量的服务，高质量的旅游"的口号，这意味着整个世界范围内旅游服务质量意识的强化和升华。

城市休闲旅游服务要素系统构成取决于五大因素：一是休闲旅游服务的硬件体系，它是以餐饮、饭店、旅行社、交通、金融、贸易、休闲娱乐设施构成的服务体系；二是以休闲旅游景区景点的停车场、通信、医疗、物种维护、垃圾处理等构成的公共服务设施体系；三是以咨询、救援、财产保障、价格构成的相关服务体系；四是上述服务体系综合构成的休闲旅游服务质量，它外化于服务体系的法制化、标准化、系列化、规范化；五是上述所有服务的结果体现为休闲旅游的服务绩效，也即休闲旅游带动国民经济的能力、所产生的社会劳动生产率、人均实现利润、休闲旅游服务的扩散力。因此，城市休闲旅游服务体系包括：休闲旅游核心服务体系健全度、休闲旅游相关服务体系健全度、休闲景区公共服务设施健全度、休闲旅游服务质量、休闲旅游服务绩效。

## （三）休闲城市环境要素系统

该要素模块是休闲旅游发展的外在因素，是休闲旅游体系支撑要素系统的宏观基础，是一个城市或地区的休闲旅游赖以存在和发展的最基本的条件，是休闲旅游资源、旅游服务体系以及管理体系依托的宏观环境。如果从环境文化学角度看，它是休闲城市社会形象、精神面貌、城市品位、文化建设、经济水平、生态质量的综合反映。综合休闲城市环境好坏与休闲旅游价值体系的关系，从直接意义或从理论意义上看，两者呈同方向变动关系。休闲城市环境要素系统决定了城市休闲旅游发展的质量、方向和效益水平。它作用于休闲资源、服务系统和管理系统，对提高休闲旅游竞争力起决定性作用。

休闲城市环境体系的决定因素包括五部分：城市基础设施、城市生态环境、城市经济环境、城市文明环境和城市国际化水平。从性质上分析，前两者可统称为硬环境，后三者可统称为软环境。

（1）城市基础设施。城市基础设施是休闲城市重要的硬环境之一，是以物质形态为特征的城市基础结构系统，是指城市可利用的各种设施及其质量，包括交通、通信、能源、动力、住房、公共服务、商业、文化娱乐设施等。

（2）城市生态环境。城市生态环境也是休闲城市重要的硬环境之一，包括自然环境和社会人工环境两方面。自然环境包括城市气候、空气状况、水源状况、森林花草状况、江河湖海山脉以及自然景观状况；社会人工环境是指经过人工改造的自然环境，包括名胜古迹、公园风景区、绿地等。城市良好的人工环境还包括杰出的城市建筑物、清晰的城市平面、宽广的林荫道、美丽的广场群、重要的历史遗迹、高雅的艺术街区等。

（3）城市经济环境。城市经济环境是一个城市休闲旅游赖以存在和发展的经济基础。国内生产总值、人均储蓄率、地方财政的增长提高了市民生活水平，从而使市民有了充分休闲的可能；其经济腹地的经济水平、市场规模、区域物流能力都为城市经济发展提供了可持续性；其产业结构提升速率、消费结构的转换、公共服务业的健全与否、城市化水平的提升都为发展城市休闲旅游提供了条件。

（4）城市文明环境。城市文明环境是休闲城市不可或缺的软环境之一。城市人的文化素质、精神面貌、社会安全系数、科技文明所达到的程度均成为休闲城市的名片，并通过"人"这个媒介直接参与或间接作用于休闲产业的运行过程。

（5）城市国际化水平。城市国际化水平是休闲城市赖以依托的重要软环境之一。它反映在与世界各国的交往、外来文化的影响、城市宜居程度、经济体系与国际接轨程度、城市法制化管理等方面。

课 堂 思 考

由于工业化的发展，我国诸多城市的环境受到了严重破坏，在城市休闲的环境方面，我们应该做哪些工作？

### （四）城市休闲旅游管理要素系统

该要素模块是城市休闲旅游支撑系统的重要软因素。休闲旅游是一个各种要素和资源组成的复杂大系统，休闲旅游活动又是主观与客观的统一过程，因此，管理是城市休闲旅游发展的协同力量。目前一个产业的成功与否和竞争力的提高越来越取决于管理和文化等软因素。有效的组织与管理是一个城市与其他城市在休闲旅游产品、质量、价格竞争中获得优势的重要基础。如果按管理主体来划分，它分成休闲旅游政府组织的管理和旅游企业的管理。

 ## 复习与思考

### 一、 名词解释

城市　城市休闲功能　城市休闲规划　城市休闲旅游

### 二、 选择题（有一个或者多个正确答案）

1. 城市规划和建筑研究方面著名的《雅典宪章》中将城市的功能分为居住、工作、（　　）和交通四大块。

A. 旅游　　　　　　B. 游憩　　　　　　C. 购物　　　　　　D. 娱乐

2. 以下属于城市商业性休闲功能场所的是（　　）。

A. 博物馆　　　　　B. 游泳馆　　　　　C. 动物园　　　　　D. 主题公园

3. 城市休闲管理包括（　　）。

A. 制度　　　　　　B. 文化　　　　　　C. 安全　　　　　　D. 环境

4. 城市休闲旅游竞争力的提升依赖（　　）。

A. 资源　　　　　　B. 服务　　　　　　C. 环境　　　　　　D. 管理

5. 休闲城市环境体系中的软环境包括（　　）。

A. 城市经济环境　　　　　　　　　B. 城市基础建设

C. 城市国际化水平　　　　　　　　D. 城市文明环境

## 三、简答题

1. 怎样理解休闲是城市的基本功能？
2. 城市的休闲功能可以分成哪三个类别？
3. 与传统城市相比，休闲城市在规划时应注重哪些方面？
4. 我国应如何发展城市休闲购物？
5. 如何提升休闲城市的服务水平？

## 四、案例分析

### 成都为我国休闲城市建设树立标杆

成都自 2003 年提出打造"休闲之都"以来，在休闲品牌打造以及休闲经济发展方面所取得的成绩令人瞩目。成都能够获得"中国最佳旅游城市""中国十大宜居城市"等众多荣誉，与其对于休闲城市发展的重视不无关系。

作为中国休闲城市评价标准体系全球发布活动的一项重要内容，2010 年 4 月 27 日"休闲天堂·田园成都"主题对话活动在成都举行，知名专家学者会聚一堂，纵论我国休闲城市的建设和发展问题，探索从休闲角度促进我国城市科学发展的新途径，并结合成都的世界现代田园城市建设，对休闲发展与"田园城市"建设的关系进行了深入的交流和探讨，为成都的世界现代田园城市建设提出了很多建设性的意见和建议。与会专家围绕中国休闲城市评价标准体系与中国城市的科学发展模式问题展开了讨论，对现阶段我国城市的发展特点、存在问题等进行了深入分析。他们认为，目前我国正处在城市化进程的加速成长期，城市的科学发展问题尤为突出，如何规避工业化和城市化进程中的种种弊端，解决城市人口膨胀、环境污染、交通拥堵等日益加剧的社会问题和环境问题，是一个值得深入研究的课题。成都确立了建设世界现代田园城市的历史定位和长远发展目标，为解决这一系列问题提供了有益的借鉴。

与会专家一致认为，成都作为自然天成的休闲之都，其本质特征和个性特色与"田园城市"的意象非常吻合，加之 6 年多的城乡统筹发展，已初步形成了城乡同发展、共繁荣的发展格局，在此基础上，成都提出建设世界现代田园城市的战略目标，构建充分体现"自然之美、社会公正、城乡一体"的新型城市形态，有着天然的基础和优势。

休闲产业、休闲经济作为一种行业关联度高、产业带动力强、低能耗、低污染的经济形态，对于节约资源、保护环境、促进自然环境与经济社会的协调发展具有重要意义。对于成都来说，在建设世界现代田园城市的过程中，大力发展休闲产业、休闲经济不仅能带来巨大的经济效益，而且将带来不可估量的社会效益和环境效益。

——资料来源：成都为我国休闲城市建设树立标杆［N］．四川日报，2010．

根据以上案例，分析如下问题：

1. 分析休闲产业对于城市发展的重要性。
2. 如何打造一座休闲城市？

**推荐阅读**

1. 吴必虎，黄潇婷. 休闲度假城市旅游规划［M］. 北京：中国旅游出版社，2010.

2. 宋瑞. 全球休闲范例城市研究［M］. 北京：社会科学文献出版社，2012.

# 休闲产品的 开发

　　休闲产品是具有休闲功能的产品，是企业为了满足消费者在休闲活动中精神、文化、生活的需求，向市场提供的能够彰显文化功能、突出休闲性的物质和劳务的总和。

　　本章介绍了我国休闲旅游产品开发的现状，户外运动、购物、茶饮等休闲产品在旅游中的内涵与作用，分析了都市娱乐的发展前景以及体验与乡村休闲的关系。本章的学习重点是了解我国休闲旅游产品的开发现状及发展对策，熟悉户外运动、水疗、购物、茶饮、都市娱乐等在休闲旅游中的应用，掌握乡村休闲旅游产品的开发。

## 学习目标

### 知识目标

1 了解我国休闲旅游产品的开发现状。

2 了解温泉的分类及各类温泉在我国的分布状况。

3 了解商业街的发展历程。

4 了解都市娱乐的发展前景以及体验与乡村休闲的关系。

### 能力目标

1 掌握我国户外休闲产品的开发要点。

2 熟悉购物、茶饮等在休闲旅游产品中的应用。

3 能够对现阶段乡村休闲产品开发中体验的运用及不足进行分析。

4 掌握乡村休闲的主题化产品开发。

案 例

### 意大利的乡村旅游

意大利是世界上旅游业最发达的国家之一，1865 年就成立了"农业与旅游全国协会"，引导城市居民到农村去体味农业野趣，与农民同吃、同住、同劳作，在农民土地上搭起帐篷野营，或者在农民家中住宿。休闲旅游者骑马、钓鱼、参与农活，借此暂时离开繁华、喧闹、紧张的城市，食用新鲜的粮食、蔬菜、水果，购置新鲜的农副产品。

意大利农业旅游是旅游业中的一支新兴的生力军，称作"绿色假期"。意大利的农业旅游已与现代化的农业和优美的自然环境、多姿多彩的民风民俗、新型生态环境及其他社会文化现象融合在一起，成为一个综合性项目。至 2002 年，意大利约有 1.15 万家专门从事"绿色农业旅游"的经营企业，当年夏季就招徕了 120 万本国旅游者和 20 万外国游客前来休闲度假。

——资料来源：本书编委会 . 休闲农业与乡村旅游发展工作手册［M］.

北京：中国建筑工业出版社，2011.

 案 例 分 析

1. 我国乡村旅游发展与意大利的乡村旅游存在哪些差距？
2. 如何做好休闲旅游产品的开发和设计？

## 第一节　休闲产品开发概述

2019 年，我国国内旅游人数高达 60.06 亿人次，公民出境旅游人数 15463 万人次，接待入境旅游人数 14531 万人次，实现旅游收入 6.63 万亿元，国内旅游总收入达到 2.63 万亿元。在国内旅游市场规模迅速上升的同时，国内旅游的需求也在悄然转变。虽然目前普通大众在面对国内丰富的旅游资源时还多以观光为首选，但已有越来越多的老百姓开始选择休闲度假、科技旅游等产品。休闲创新是从传统的旅游消费方式向现代的旅游消费方式转变的推手。虽然休闲消费的内容还是传统的食、住、行、游、购、娱，但是可以通过信息技术的广泛运用实现消费方式的现代化。

近几年，我国的休闲理念、休闲生活、休闲业态都取得了快速发展，尤其是休闲旅游业，在发展过程中不断产生新领域和新业态，如休闲度假、数字旅游、会展奖励旅游、邮轮游艇、实景演艺等。旅游业的新产品也不断产生，如生态旅游、乡村旅游、工

业旅游、红色旅游、军事旅游、温泉旅游、冰雪旅游、健康旅游、科技旅游等。根据一些学者的研究成果，旅游业总收入与休闲经济总规模的比例基本在1：3或者1：4之间。照此推算，目前我国休闲经济的总规模可能接近6万亿元，休闲经济增加值占国民经济的比重超过15%，休闲消费对社会消费的贡献率超过30%。

中国人通过消费享受休闲的时代即将到来。尽管中国目前还属于发展中国家，在旅游消费构成上，休闲活动占整个旅游的比重仅为20%左右，远低于旅游发达国家50%左右的比重，尚未进入真正的休闲时代，但是休闲经济已具备了相当规模，且呈现出蓬勃发展的势头。尤其是在建设资源节约型、环境友好型和谐社会背景下，休闲旅游产品发展速度会越来越快。

## 一、我国休闲旅游产品的开发现状及问题

### （一）产品日趋多元化，但整体质量不高

休闲旅游的蓬勃兴起推动着休闲旅游产品开发日趋深入，不论是产品的内容类型、结构功能还是表现手法、层次规模等，都呈现出多元化的发展趋势。现阶段，我国主要有主题公园、农家乐、产业休闲旅游、体育休闲旅游、专项休闲旅游、购物休闲旅游等形式多样、内容丰富的休闲旅游产品。同时，休闲旅游产品的设计基本满足高端、中端、低端消费市场的需要。但是我国休闲旅游产品整体上质量不高，体现在以下方面：

（1）定位模糊。其一，表现为产品定位不准。目前，尽管我国休闲旅游市场已经取得了显著的成绩，但也应该看到很多旅游企业缺乏对目标市场的研究，缺乏对目标消费者消费行为的分析，忽视经济发展的现实情况，他们急功近利的想法无法满足旅游者的休闲消费意愿。有些企业误以为，创造休闲产品品牌就要定位于高档。但是要想使自己的品牌为广大游客所认可，并非越贵、越高档就越好，好的品牌必须与市场需求相适应，才能使品牌形象深入人心、持久不忘。其二，产品定位不足。例如，很多家旅行社推出的某些旅游区的休闲旅游线路大体相同、内容相似，无法体现休闲旅游产品的差异性。其三，定位模糊。主要表现为休闲旅游产品精品化程度较差。

（2）缺乏特色。产品特色也是产品的独特之处，是区别于其他同类产品所特有的品质。休闲旅游产品是以它的特色吸引着广大旅游者前来。尽管休闲旅游呈现出蓬勃发展的势头，但是从全国休闲旅游总体发展现状来看，各地休闲旅游产品普遍缺乏特色，形式单一，内容相似，游客参与性不强。休闲旅游产品从设计、包装到质量、服务都基本相似，雷同现象较严重。以主题公园为例，据粗略统计，全国约有2500家主题公园，共

投入资金约 1500 亿元，其中 70% 的主题公园的经营处于亏损状态，20% 的可以持平，只有 10% 的可以盈利。究其原因主要是缺乏特色，雷同现象严重。

（3）文化特质不突出。著名经济学家于光远曾说，旅游是经济性很强的文化事业，又是文化性很强的经济事业。休闲旅游活动是一种更高层次的消费形态，其本质上是一种高层次的文化活动。目前，由于旅游产品设计与开发的品位不高、旅游企业具有盲目性等特点，开发出的休闲旅游产品文化特质并不突出。一方面，表现在产品缺乏文化品位和内涵，没有形成具有深刻文化特质的高雅休闲旅游产品。一些地区推出的休闲旅游产品档次低，夹杂着大量低级庸俗的内容。另一方面，对于休闲旅游产品中饮食文化、民族文化等文化特质的深度开发尚未形成一定的规模。例如，在美食休闲旅游产品开发过程中就面临着以下问题：第一，盲目跟风，忽视地方特色。第二，饮食文化在休闲旅游产品中的开发基本以品尝佳肴为主，开发者往往忽视了对中华民族几千年积淀下来的饮食文化传统的发扬。第三，美食休闲旅游产品的推出以游客享受为主，而饮食文化的参与性不强。但正是这种参与活动，不仅能使旅游者体会到食品制作过程的乐趣，而且可以使其从中感受到中国饮食文化的丰富内涵，从而扩展其文化知识和提高文化素养。

## （二）中低档产品居多，国际化产品较少

在市场经济的推动下，我国国内休闲旅游市场逐渐形成，并以迅猛的速度向前发展。不过总的来讲，我国休闲旅游产品仍以中低档消费为主，整体水平不高，不能进入国际主流休闲旅游的消费市场。到目前为止，国家级休闲旅游度假区的建设经营状况从总体上来看都不理想，做得比较好的有海南的三亚国家旅游度假区和大连的金石滩国家旅游度假区。据世界旅游组织预测，到 2020 年，中国将成为世界第一旅游强国，年接待国际旅游者将达 1.37 亿人次，创汇 1000 亿美元。中低档休闲旅游产品比重偏高的现状十分不利于这一目标的实现。

## （三）新型产品开发较少，软件设施相对落后

一些新型的休闲旅游产品在我国尚处于起步阶段，产品还不被大多数国内游客了解或接受。由于受到经济制度、休闲旅游市场还不完善等因素的制约，诸如商务休闲旅游、分时度假、产权酒店、游船旅游等休闲旅游产品在我国并不普及。与此同时，我国休闲旅游产品在软件设计开发方面与旅游发达国家还有一定的差距。主要表现在大多数旅游企业开发休闲旅游产品仍然以营利为主要目的，产品无法真正体现"以人为本"的开发经营思想和"人性化"服务理念。例如，市场上专门为残疾人设计的休闲旅游产品还比较少见。

## 二、我国休闲旅游产品的开发要点

### （一）注重产品特色，突出开发主题

特色和主题是休闲旅游产品形成独特个性的灵魂。休闲旅游产品的开发应有明确的主题，"主题是对旅游产品及其相关因素进行组合所形成的内在的、统一的基调"。要有特色就要创新，要使旅游产品在某些方面有独到之处。旅游企业应将特色化和主题化理念贯穿于休闲旅游产品开发始终。具体地说，首先，要分析旅游资源特色是否符合休闲市场的需要。其次，确定开发的主题。休闲旅游产品的特色将通过主题表现出来。最后，在开发休闲旅游产品系列的时候选出具有主导和支撑作用的垄断性产品。例如，深圳华侨城从 1989 年开始陆续推出主题为"一步迈进历史，一日畅游中国"的"锦绣中华"和"中国民俗文化村"主题公园，以及后来的"世界之窗""欢乐谷"等人造景点。由于其将产品开发的出发点放在了"垄断性"上，突破了普通旅游产品容易被模仿的局限性，提升了产品的核心竞争力。因为符合旅游市场需求，迅速成为休闲旅游的一个热点，实现了高投入、高产出的理想目标。

### （二）丰富产品的文化内涵，提升文化品位

文化是人类文明的积淀，是休闲旅游的突出特征。休闲旅游活动更强调人们在旅游过程中精神文化深层次的享受，强调人们文化品位的提升以及人们在文化创造、文化欣赏、文化交流过程中精神生活的满足。丰富休闲旅游产品的文化内涵，提升产品的文化品位，关键在于：一方面，要充分挖掘休闲旅游产品的文化内涵，满足旅游者精神文化层次的享受；另一方面，要在休闲旅游产品开发过程中创造文化，为产品赋予新的特色，不断创新，只有这样才能满足现代旅游者日益增长的休闲需求。实践证明，随着休闲旅游活动向纵深开展，只有那些富有文化内涵的休闲旅游产品才会受到越来越多的旅游者的青睐，才能保持生命力和竞争力。

### （三）注重体验式产品的开发

休闲旅游是人们积极、主动休闲的表现，属于高层次的休闲活动。人们主动追求精神生活享受的行为促进了休闲旅游市场的发展。开发休闲旅游产品，更要强调旅游者的参与性。这种参与性产品不仅能够满足旅游消费者的感官享受，而且可以使游客在旅游过程中得到综合体验，提高休闲旅游产品的体验价值。尤其是开发具有高科技技术的体验式休闲旅游产品，不仅可以丰富旅游者的知识，而且可以拉近旅游者与现代高科技产

业的距离，增加消费者与生产者之间的交流。例如，大连圣亚海洋世界推出的"太空人海底漫步"体验活动，让游客穿上潜水服、戴上太空潜水头盔在美丽的珊瑚丛及水中植物间漫步，与鱼共舞，极大地满足了人们亲身体验、探险猎奇的心理。同时，在原海洋世界馆的旁边，投巨资兴建了一座"极地世界"馆，运用最先进的科技手段，让游客在逼真的模拟环境中看到活生生的北极熊和南极企鹅的生活状态，再加上挑战珠峰的极限俱乐部里有攀岩活动，让人们实现一日游遍地球三极的梦想。

### （四）休闲旅游产品结构应具有层次性

针对现阶段我国休闲旅游市场的情况，旅游企业应该在大力发展国内休闲旅游产品的基础上，努力提高产品品质，着力打造国际品牌。休闲旅游产品的开发应该同时兼顾国内市场和国际市场的需要。在开发国内休闲旅游产品时，应根据我国的国情，认真研究大众消费需要，开发出既能满足大众口味的中档休闲旅游产品，又能满足休闲旅游高端市场需要的产品。同时，休闲旅游产品开发应走品牌化道路，只有高质量的产品，良好的品牌形象，才能满足消费者认知、审美及忠诚的消费心理，从而在旅游者心中产生品牌效应，产生良好的社会效益和经济效益。在开发国际休闲旅游产品时，应充分研究客源国的旅游消费需要。通过借助国外游客普遍对中国文化有着浓厚兴趣的优势，深挖休闲旅游产品的文化特质，开发出有特色和有优势的国际化品牌产品。这不仅能够提升我国休闲旅游产品的知名度，而且能够促进国际文化交流，产生很好的社会效益。

### （五）适度超前，开发新型休闲旅游产品

随着收入和闲暇时间的增多，人们对于旅游方式、内容等的需求也发生着新的变化。新的生活方式和休闲消费行为方式带来一系列新需求，多样化、个性化的需求要求旅游企业开发出具有复合性、交叉性的新型休闲旅游产品。无论核心产品还是延伸产品都要进行文化创新，把这种文化创新变成旅游市场，而且创造出新的旅游市场，引导旅游消费。

## 第二节　我国户外运动休闲产品开发

我国传统旅游以观光为主，而国外的休闲与户外运动旅游占其旅游市场份额的70%，所以我国是户外运动旅游潜力最大的市场之一。但我国户外运动旅游产业还处于

起步阶段，存在以下问题：户外运动旅游法规建设还是空白；户外运动旅游资源开发与设计尚无标准；国内旅游景区的户外运动旅游开发率极低；户外运动旅游组织无法提供安全保障；户外运动旅游者缺乏相关知识。种种问题表明，我国户外运动旅游产业的每个环节都有待进一步完善。

## 一、资源开发现状

目前国内外关于户外运动旅游资源开发的理论较少，对于单一户外运动旅游项目的研究则较多，如野营研究、荒野研究等。发展中国家户外运动旅游资源开发程度明显落后于发达国家，但发展中国家由于自然和人文环境的保存相对完好，是最富吸引力的旅游目的地，具有极大的开发潜力。

我国自然旅游景区类型多样，本身就有开展户外运动旅游项目的资源优势。自20世纪90年代开始，我国开发了诸如高原登山、黄河漂流、赛龙舟、那达慕大会、冰雪旅游活动项目。近几年开展的森林旅游、登山探险、山涧江河漂流、自行车旅游等项目也吸引了广大国内外游客。

我国自然旅游景区依靠优越的自然地理优势，仅需引进部分户外运动项目便可以成为良好的户外运动旅游区。经过检索统计发现，目前我国大约有5%的国家森林公园中有户外拓展区开发设计。值得一提的是，近年来少数游客避开已开发的常规旅游线路，开拓了自己的游线，进行"无景点旅游"。这个现象给我们一个启示：部分景点实行不完全开发或者未开发往往更能满足这些游客的猎奇心理。户外运动旅游属于少数人的旅游，如何让少数人的户外运动旅游项目变为大众型项目，是值得旅游资源开发的专家学者们研究的一个核心任务。

## 二、组织与运营机构

我国户外运动旅游组织机构根据其经营性质可以分为营利性组织与非营利性组织。非营利性的组织机构由登山运动管理中心及其各地的协会组成，主要包括国家体育总局登山运动管理中心、中国登山协会、各地市登山协会、各地市体育局下设的管理户外运动的相关部门。这些机构目前都设在相关体育管理部门，目前旅游部门尚未参与户外运动旅游的管理。户外运动俱乐部是目前最主要的营利性组织。我国最早的户外运动俱乐部出现在1996年，如今已经发展到上千家。户外运动俱乐部的经营内容主要是组织户外运动，也兼营户外运动产品。门传胜（2006）通过对沈阳户外运动俱乐部的调查表明，其经营模式一种是卖场+户外运动俱乐部，另一种则是挂着户外运动俱乐部招牌，经营单一品牌的卖场，部分运动俱乐部还采用会员制经营。沈阳户外运动俱乐部开展的项目以登山及滑雪、滑冰为主，其他项目发展缓慢。

我国户外运动俱乐部刚刚起步，经营规模还比较小。影响我国户外运动俱乐部的因素很多。首先，对"户外运动"定义的理解过于片面和狭窄，致使多数消费者包含潜在消费者认为户外运动尚隶属于"贵族运动"；其次，相关法制不够健全，俱乐部缺乏监督机制；再次，俱乐部成员往往以会员形式参与，总体人数少且不稳定；最后，救援保障体系不完善，面对突发事件时不能有效得以解决。

## 三、参与者

据李香君等的调查表明，南京户外运动爱好者的主要群体是年龄在 21~40 岁的个人、朋友群或专业的户外人士，有一定经济能力的白领阶层，大学以上学历的知识分子；另外还有大中专院校的学生、企事业单位职工团体以及 41~50 岁的普通市民。

我国户外运动旅游的参与者比例很小。一方面，影响我国大众参与的主要因素是人们对"户外运动"定义理解存在误区，认为户外运动旅游是少数人的专利。另一方面，户外参与者缺乏专业知识也是影响户外运动旅游的重要因素。因此，应将休闲运动纳入户外运动旅游范围，大力开发大众型的户外运动旅游资源，让更多的人参与，改变人们对户外运动的狭义理解。提高户外运动旅游者的专业知识与安全意识也是提升户外运动旅游参与度的必要措施。

## 四、户外运动用品市场

中国户外运动旅游用品发展始于 20 世纪 80 年代末到 90 年代初，当时部分军用品、劳保物资品经过改造成为最初的户外运动用品。之后几年北京秀水街开始出现一些以外贸伪货为主的专业户外运动产品。20 世纪 90 年代末期，部分户外运动名牌产品开始在国内各大商场销售。随后，国内进入了真货与伪货并存的时代。近几年，国内很多户外运动旅游用品生产商开始发展自己的品牌，并逐渐占有一席之地。目前户外运动旅游产品主要经营模式包括大型商场（专卖柜）、大型的多运动品牌专卖店、批发集贸市场、邮购公司、网上商店、专卖店等。其中，"专卖店+俱乐部"的渠道模式因其销售与使用、培训合为一体，使产品与用户的关系结合得密切，具有较大的销售优势。

相关链接　🔍搜索

## 美国户外运动的发展

1965年，美国国会通过了《土地与水源保护基金法案》，授权土地与水源保护基金会资助联邦政府、州政府、地方政府购买土地、水源及其他环境保护设施，用于满足人们休闲游憩的需要。迄今为止，土地与水源保护基金会资助购买的土地共计280多万公顷，资助了4万个户外运动建设项目，累计资金金额高达90亿美元。在土地与水源保护基金会资助的推动下，州政府、地方政府、慈善机构也在资金方面大力支持户外休闲娱乐设施的建设。2004年，美国16岁以上居民参与户外运动的人数约占人口总数的64%（1.59亿），高达83亿人次，人均52次。从频率看，2006年美国16岁以上居民参与户外运动项目为5.4项，参与比例最高的前10项运动是健身步行（46%）、驾车游玩（43%）、游泳（41%）、野餐（38%）、钓鱼（28%）、自行车（22%）、跑步/慢跑（19%）、野营（18%）、徒步旅行（18%）和户外摄影（17%）。

2004年，美国户外运动产业年销售总额为333亿美元，用品销售额为129亿美元。其中，服装占45%，体育器材及耗材占35%，鞋袜类占14%，船桨占6%；服务销售额为203亿美元，自行车、钓鱼、冲浪和溜冰的销售额最高，分别为55亿美元、53亿美元、49亿美元，合计为157亿美元（占77.3%）。在销售渠道上，以专卖店（22%）和连锁店（39%）为主，网购/邮购（21%）的增长势头非常强劲。

美国的户外运动人才培养主要有两种模式：一是完全的职业教育模式，主要针对从业人员，采用短期培训和专题讲座的形式；二是高等教育人才培养模式，美国上百所大学设有"体育、健康、娱乐"学院和体育系、健康系和娱乐系，大多开设"体育市场"和"体育经济"公共课程，其他专业的学生也可以选修。学生在校期间不但要修完学位课程，而且要达到行业协会所规定的各种要求，包括理论课程、实习与实践。专业课教学资源由高校与行业协会共同提供，行业协会也会委派专家担任专题讲座的主讲并对人才的培养质量全面把关。

——资料来源：梁海燕，陈华．美国户外运动发展及其对我国的启示［J］．

首都体育学院学报，2012（1）．

# 第三节　水疗康体休闲产品

## 一、温泉

### （一）温泉的形成原因与分布

#### 1. 温泉的形成原因

温泉是泉水的一种，它是从地底涌出的天然热水。温泉的形成原因如下：

（1）由地壳内部的岩浆作用所形成，或为火山喷发所伴随产生。火山活动过的死火山地形区，因地壳板块运动隆起的地表，其地底下还有未冷却的岩浆，会不断地释放出大量的热能。这类热源的热量集中，只要附近有孔隙的含水岩层，不仅会受热成为高温的热水，而且大部分会沸腾为蒸汽。这种原因所形成的温泉叫作硫黄盐泉，又叫作硫黄泉。

（2）由地面水渗透的循环作用所形成。雨水落到地面后，往地底下渗透，变成了地下水。但是地下水受到地壳里面的热气影响就变成了热水，热水温度变高就会冒出地面形成温泉。这种原因形成的温泉大部分出现在山谷中，叫作碳酸盐泉。

### 2. 温泉的分布

中国已发现的温泉达 3000 多处，主要分布在台湾、广东、福建、浙江、江西、云南、西藏、海南等地。其中，云南分布最多，有温泉 400 多处，而又数腾冲的温泉最著名，数量多，水温高，富含硫质。

## （二）温泉的分类

温泉，即从地下涌出时水温在 25℃以上或者在 1 千克的泉水中含有一定量的规定矿物成分的泉水（即使温度不够 25℃）。关于温泉的定义，各国的标准稍有不同。日本温泉法规定：温泉泉源温度为 25℃的矿泉水，而 1 升的矿物泉水内还要含有一定物质，意大利、法国、德国等欧洲国家是 20℃，美国是 21℃。

温泉的分类如下：

### 1. 根据泉水的温度分类

根据泉水的温度，可以分为：低温温泉（34°C 以下）、中温温泉（34°C 以上 42°C 以下）、高温温泉（42°C 以上）和沸腾温泉（温度等于或略超过当地的水沸点）。

### 2. 根据泉水的物理性质分类

根据泉水的温度、活动、形态等物理性质，可以分为六类：

（1）普通泉。即一般常见水温在 100℃以下的温泉。

（2）间歇泉。这类温泉深藏在地底，透过垂直的细长孔道于一定时间内，强劲地喷出地面。以美国黄石公园的老忠实间歇泉最具代表性。

（3）沸泉。温度接近 100℃的泉源。

（4）喷泉。温泉在准点以上，若地质条件正好配合，就会出现气势磅礴的喷泉，有时可喷出高达 30~50 米高惊人景象。新西兰罗吐鲁阿、美国黄石公园、冰岛等地均有壮观的喷泉景观。

（5）喷气孔。自地底喷出饱含温泉物质的蒸汽。透过此种方式涌出地表的温泉，以硫黄泉最易辨识，其所喷发出的气体富含二氧化碳和硫化氢，喷出地表后与空气接触产生硫黄，正是制作汤华即温泉粉的原料。

（6）热泥泉。对温泉了解越多，对温泉的样貌也就越有宽容度，所以面对热泥泉，脑海中浮现的肯定是养颜美容。热泥泉内含有大量黏土，泉色混浊恍若泥汤，但是它洗后滑腻的肤触，以及对肌肤与健康的帮助，使所谓"泥疗法"成为许多温泉医院乐于采用的方式。

### 3. 根据温泉所在环境分类

（1）火山区温泉。位于火山区的温泉大多为硫气泉或蒸汽泉，系由第四纪火山岩浆活动末期产生的热水现象造成的温泉。台湾岛北部的温泉多属此类。

（2）变质岩区温泉。位于变质岩区域内的温泉多为碳酸泉，我国台湾中央山脉两侧的温泉多属此类。

（3）沉积岩区温泉。自沉积岩涌出的温泉多为气化泉，我国台湾西部、南部及部分东北部的温泉多属于此类温泉。

### 4. 根据温泉的酸碱值分类

（1）酸性温泉。pH 值低于 6。

（2）碱性温泉。pH 值大于 8。

（3）中性温泉。pH 值介于 6 与 8 之间。

## （三）温泉文化的发展

温泉文化的变迁代表着温泉业的变迁，它最直接地反映着人们不同时期的不同需求。温泉文化经历了四个发展阶段：第一代温泉文化是洗浴的文化。远古时代人们发现温泉，利用温泉首先从"泡汤"开始，是时"远近男女来此沐浴者，络绎不绝，近泉之地，夏无青草，冬无坚冰，解衣磅礴，水面风生"，是这一代温泉文化的形象写照。第二代温泉文化是洗浴加游戏，强调温泉之动感丰富的文化。唐明皇李隆基在《温泉对雪》诗中写道："北风吹彤云飞白雪，白雪乍迴散，彤云何惨烈。未见温泉冰，宁知火井灭。表瑞良在兹，庶几可怡悦"；还有唐阎宽的《温汤御毯赋》写道，唐天宝六年（747 年）"皇帝思温汤而顺动，幸会昌之离宫，越三日，下明诏行蹴鞠之戏"，便是洗浴加游戏的佳作。第三代温泉文化则是洗浴加休闲的文化，突出温泉的休闲功能。第四代温泉文化是在改革开放新形势下，在我国出现的更新、更高层次的新一代温泉文化，是最具包容性的温泉文化。休闲时代的温泉产业不再仅仅是"泡"，而是围绕新兴的度假村形成了集养生、休闲、娱乐、美容、健身、旅游、商务于一体的高端温泉休闲产业。

# 二、SPA

## （一）SPA 的内涵

"SPA"一词源于拉丁文"Solus Par Agula"的首字母缩写，Solus（健康），Par（在），Agula（水中），意指充分运用水的物理特性、温度来达到保养、健身的效果。而英式休闲文化的 SPA（Spring Pute Air）意为"在矿泉区里享受纯净的空气"。SPA 的美妙气息蔓延了几百年，希腊的旧时文献就有记载，在加入矿物及香熏、草药、鲜花的水中沐浴，可以预防疾病及延缓衰老。

---

**相关链接**　🔍搜索

### SPA 的发展历史

SPA 的名字来源于靠近比利时的列日市的一个叫作 Spau 的小山谷。这是一个具有非常丰富矿物质的热温泉区。当地居民通过泡温泉浴治疗各种疾病与疼痛。由此当地的温泉浴远近闻名。18 世纪后，SPA 开始在欧洲贵族中盛行，成为贵族们休闲度假、强身健体的首选。除了这个小山谷外，古罗马人在欧洲其他地区也利用天然的矿泉疗伤治病。后来，世界各地出现了越来越多的温泉疗养胜地。美国、法国、英国、意大利、奥地利、日本、中国台湾等地都有很知名的温泉疗养中心，而 SPA 这种休闲美容方式在这些地方也很流行。

——资料来源：百度百科.

---

从狭义上讲，SPA 指的就是水疗美容与养生。形式各异的 SPA，包括冷水浴、热水浴、冷热水交替浴、海水浴、温泉浴、自来水浴，每一种浴都能在一定程度上松弛、缓和紧张、疲惫的肌肉和神经，排除体内毒素，预防和治疗疾病。另外，水疗配合各种芳香精油按摩，会加速脂肪燃烧，具有瘦身的效果。

从广义上讲，SPA 包括人们熟知的水疗、芳香按摩、沐浴、去死皮等。现代 SPA 主要通过人体的五大感官功能，即听觉（疗效音乐）、味觉（花草茶、健康饮食）、触觉（按摩、接触）、嗅觉（天然芳香精油）、视觉（自然或仿自然景观、人文环境）等达到全方位的放松，将精、气、神三者合一，实现身、心、灵的放松。如今，SPA 逐渐演变成现代美丽补给的代名词。水疗是 SPA 最普遍的形式。

总之，SPA 是指利用水资源结合沐浴、按摩、涂抹保养品和香熏来促进新陈代谢，满足人体视觉、味觉、触觉、嗅觉和思考达到一种身心畅快的享受。目前 SPA 业界的说法认为，SPA 是由专业美疗师、水、光线、芳香精油、音乐等多个元素组合而成的舒缓减压方式，能帮助人达到身、心、灵的健美。高级的 SPA 馆通常都设在风景宜人的度假村以寻求安宁的环境和清新的空气。大部分的 SPA 馆都和酒店以复合方式存在，成为休假旅行的活动行程之一，以吸引更多顾客光顾。

## （二）SPA 的发展现状

随着时代的发展，人们不断赋予 SPA 更新的方式和更丰富的内涵。如今 SPA 这种融合了古老传统和现代高科技的水疗方法已不再是贵族们的专宠，而逐渐成为现代都市人回归自然、消除身心疲惫，集休闲、美容、解压于一体的时尚健康概念，配合着五感疗法，不论舒缓按摩、美容还是温泉水疗，凡此种种与舒缓压力，舒缓身、心、灵有关的活动，都可以称为 SPA。

SPA 发展到现在出现了不同的主题诉求，有的偏重放松、舒缓、排毒的疗程，有的以健美瘦身为重点，还有的重在芳香精油、海洋活水或纯草本疗法等。但无论是哪种类型的 SPA，都不脱离满足客人听觉（疗效音乐）、嗅觉（天然花草熏香）、视觉（自然景观）、味觉（健康餐饮）、触觉（按摩呵护）和感觉（内心放松）6 种娱悦感官的基本需求。SPA 可以娱悦身心，为内心囤积的压力、疲惫、惶惑找到一个出口，令人的身、心、灵达到和谐与平衡的享受。

# 第四节　购物美食休闲产品

## 一、购物休闲产品

### （一）商业街

商业街是由众多商店、餐饮店、服务店共同组成的，按一定结构比例规律排列的商业繁华街道，是城市商业的缩影和精华，是一种多功能、多业种、多业态的商业集合体。购物原本是为了满足人们生活的一种需要，在 18 世纪晚期兴起的商业资产阶段却将其看作一项娱乐与社交活动。发展到现代，随着消费理念的转变和商业模式的多样化，商业街在全国各地迅速发展起来，已成为打造"城市名片"的形象工程，如北京的王府井大街，黄山的屯溪老街等，出现了一城一街，甚至一城多街的现象，形成了文化特色街、旅游休闲街等各类商业街发展模式。

### 1. 商业街的特点

（1）功能全。现代商业街至少应具有购物、餐饮、休闲、娱乐、体育、文化、旅游、金融、电信、会展、医疗、服务、修理、交通等15项功能和50～60个业种。现代商业街要力争做到"没有买不到的商品，没有办不成的事"，最大限度地满足广大消费者的各种需求。

（2）品种多。现代商业街是商品品种的荟萃，如北京西单、王府井和上海南京路。国际大都市的商业街，不仅要做到"买全国、卖全国"，而且要有比较齐全的国际品牌。它既是中国品牌的窗口，又是国际名牌的展台，把民族化与国际化有机地结合起来。

（3）分工细。分工细、专业化程度高，是现代商业街的重要特色。现代消费已从社会消费、家庭消费向个性化消费转变，要求经营专业化、品种细分化。商业街除了少数几个具有各自特色的百货店以外，其余都由专门店、专业店组成。

（4）环境美。商业街的购物环境幽雅、整洁、明亮、舒适、协调、有序，是一种精神陶冶、美的展现和享受，突出体现购物、休闲、交往和旅游等基本功能。

（5）服务优。服务优是商业街的优势和特点。除了每一家企业塑造、培育和维护自己的服务品牌、推进特色经营外，还要突出商业街服务的整体性、系统性和公用性，提高整体素质、维护整体形象、塑造整体品牌。

### 2. 商业街的类型

按照商业街的主要功能、主题特色等的差异，可以将我国城市商业街分为传统商业街、文化特色街、专业商业街、旅游休闲街四种类型。这一分类反映了我国商业街从出生到成熟的探索发展过程，也充分显示了我国商业街类型的丰富性和多样化。

（1）传统商业街。传统商业街是以传统商业为主要内容，通过提升环境、调整消费业态形成的综合性商业步行街，通常具有深厚的文化底蕴，作为旧城区的主要组成部分，往往具有庞杂的社会与经济构造，并作为城市传统文化的载体，反映了城市历史发展的脉络。其存在最重要的条件就是，这条街上集中了一定数目的历史建筑。我国很多城市传统的商业街都是名声在外的百年老街，见证了历史的沧桑，留下了时代的烙印，最能体现城市的建筑特色和历史文化积淀，如北京的王府井、上海的南京路、青岛的中山路、广州的上下九、天津的和平路、苏州的观前街等。

（2）文化特色街。文化特色街，是以原有的风貌、文化、民俗等为基础，以休闲消费为特色，体现城市文化，具有购物、餐饮、休闲、旅游等一种或多种功能特质的开放式街区，对城市经济社会发展和提高城市的宜居度、著名度、美誉度具有重要意义。例如，成都的锦里、重庆的洪崖洞等特色休闲步行街，杭州的清河坊历史文化街区、杭州丝绸文化特色街等。

（3）专业商业街。专业商业街是指专业商品街和服务性街区，名称往往能够体现商业街所在的地位和所经营的商品类型两大要素，有利于节约商铺经营者的市场营销成本，如北京三里屯酒吧街、杭州丝绸城、番禺电器一条街、东莞金椅婚礼村——"中国第一个婚礼主题街区"，以及散落在各地的众多美食酒吧一条街等。消费者从此类商业街的名称就可以得到他们所需要的信息，便于进行消费决策。

（4）旅游休闲街。旅游休闲街主要是以休闲工业自身为主体，以休闲、娱乐等旅游功能为主要目的和功能的商业街区，一般由城市休闲和旅游生活方式升级带动形成，街区内的生活形态、商业形态具有可消费性、可体验性及可娱乐性。例如，北京的琉璃厂、安徽屯溪的老街、云南大理的洋人街等。这类休闲街往往兼休闲、旅游、购物、度假等多种功能于一身，可以为消费者提供一个宜人的休闲、娱乐环境。

## （二）购物中心

购物中心是指一群组合在一起的商业设施，按商圈确定其位置、规模，将多种店铺作为一个整体来计划、开发和经营，并且拥有一定规模的停车场。与自发形成的商业街相比，购物中心在其开发、建设、经营管理中，均是作为一个整体来操作：一般由物业公司建楼、出租场地，专业商业管理公司负责统一招租、管理、促销工作，承租户分散经营。严格来说，购物中心不是一种商业业态，而是一种有计划地实施的全新的商业聚集形式，有着较高的组织化程度，是业态不同的商店群和功能各异的文化、娱乐、金融、服务、会展等设施以一种全新的方式有计划地聚集在一起。

### 1. 购物中心的发展历程

20 世纪 80 年代以前，我国没有购物中心，常见的主要是各种类型的供销社、百货大楼。20 世纪 90 年代中期，随着上海港汇商城、广州天河城、北京国贸中心的陆续建成开业，开始出现了一批业态复合度较高、规模面积也较大且经营也较成功的真正的购物中心。2003 年年底，中国省会以上城市购物中心总体数量为 236 家；2011 年年底，全国大型购物中心数量已达 2795 家。国内购物中心正呈现蓬勃发展的势头，近年来每年新建数量近 300 家。

### 2. 购物中心的类型

购物中心业态中购物、餐饮、休闲的经营比例一般为 1 : 1 : 1。其主要类型包括：

（1）社区购物中心（Community Shopping Center）是指在城市的区域商业中心建立的、面积在 5 万平方米以内的购物中心。

（2）市区购物中心（Regional Shopping Center）是指在城市商业中心建立的、面积在 10 万平方米以内的购物中心。商圈半径为 10～20 公里，有 40～100 个租赁店，包括百货店，大型综合超市，各种专业店、专卖店、饮食店、杂品店以及娱乐服务设施等，停车位 1000 个以上。各个租赁店独立开展经营活动，使用各自的信息系统。

（3）城郊购物中心（Super-regional Shopping Center）是指在城市的郊区建立的、面积在 10 万平方米以上的购物中心。

### 3. 购物中心的发展趋势

近几年中国的购物中心遍地开花，随之而来的是同质化问题日益严重。而消费者却更愿意为体验、环境、情感和服务买单。面对消费者需求的变化，现在的购物中心更加强调从生活情境出发，塑造人们的感官体验及心理认同，通过环境、建筑及与城市风格的融合，营造出别致的休闲消费场所，激发消费者的消费意识和购物行为。与传统的购物中心相比，现代购物中心更加注重环境和建筑设计，突出合理的布局、特色的风格和舒适、幽雅的环境，追求与消费者阶层生活品位、消费习惯相匹配。一些购物中心打出"体验牌"，调整业态，增加休闲、餐饮、娱乐设施，甚至增加体育场馆、博物馆、儿童游乐设施、博物馆、水族馆、体验式运动城等业态的比重，通过创建轻松愉悦的购物环境，以实现对客流的重新集聚。例如南京的水游城，它是一个大型综合性商业项目，建筑面积 16.7 万平方米，位于建康路和中华路交叉路口、夫子庙商圈核心地段，距离南京商业集群新街口 2 公里，处在城市中心轴线上，属于南京 5 分钟都市生活圈繁荣核心地带。南京水游城是以流动的水为主体营造的一个集购物、休闲、餐饮、娱乐、旅游、文化等于一体的休闲购物主题公园。其中，包括若干国际品牌的主力店及次主力店，业态以时尚、新潮为主流；一流的院线影城；餐饮场所包括异国风情美食街、大型特色餐饮、咖啡厅、甜品屋、面包坊、茶餐厅、地方以及风味小吃店，根据不同消费群体分设于各个楼面。

购物中心需要人流，仅仅依靠购物中心本身的吸流能力已经无法满足项目的运营，通过生态公园、休闲娱乐的主题体验可以带动大量休闲人流光顾，虽然这部分人不一定在购物中心消费，但可以起到助推作用。

## 二、美食休闲产品

以休闲为主要功能的酒吧、咖啡馆和茶馆等餐饮形式近年迅速发展起来。如今人们在这些场所不仅可以用餐、饮酒和品茶，而且可以交友、休闲、聊天聚会。人们通常会依据不同的需求选择不同的休闲餐饮形式。因此，一种新型休闲产品——休闲餐饮出现了。

### （一）酒吧

酒吧（Bar，Pub，Tavern）是指提供啤酒、葡萄酒、洋酒、鸡尾酒等酒精类饮料的消费场所。酒吧最初源于美国西部大开发时期的西部酒馆，bar 一词到 16 世纪才有"卖饮料的柜台"这个义项。其后随着时代的发展演变为提供娱乐表演等服务的综合消费场所，约 20 世纪 90 年代传入我国。

---

**相关链接** 🔍搜索

#### "酒吧"一词的起源

最初，在美国西部，牛仔和强盗们很喜欢聚在小酒馆里喝酒。由于他们都是骑马而来，所以酒馆老板就在馆子门前设了一根横木，用来拴马。后来，汽车取代了马车，骑马的人逐渐减少，这些横木也多被拆除。有一位酒馆老板不愿意扔掉这根已成为酒馆象征的横木，便把它拆下来放在柜台下面，没想到却成了顾客们垫脚的好地方，受到了顾客的喜爱。由于横木在英语中对应的单词为"bar"，所以人们索性就把酒馆翻译成"酒吧"，就跟把糕饼"pie"译成"派"一样。"酒吧"一词来自英文的"Bar"的谐音，原意是指一种出售酒的长条柜台，是昔日水手、牛仔、商人及游子消磨时光或宣泄感情的地方。经过数百年的发展演变，各种崇尚现代文明、追求高品位生活的"吧"正悄然走进人们的休闲生活，同时也在现代城市中形成一道亮丽独特的文化景观。

——资料来源：百度文库.

---

根据酒吧经营项目、服务功能、营业形式、环境设施等条件的不同，可以将酒吧划分为以下类型：

（1）主酒吧（Main Bar）。主酒吧大多装饰美观、典雅、别致，具有浓郁的欧洲或美洲风格。视听设备比较完善，并备有足够的靠柜吧凳，酒水、酒杯及调酒器具等种类齐全，摆设得体，特点突出。许多主酒吧的另一个特色是有独具风格的乐队表演或客人可以在那儿玩飞镖游戏。来此消费的客人大多是来享受音乐、美酒以及无拘无束的人际交流所带来的乐趣。因此，对调酒师的业务技术和文化素质要求较高。

（2）酒廊（Lounge）。这种酒吧形式在酒店大堂和歌舞厅最为多见，其装饰上一般没有什么突出的特点，以经营饮料为主，另外还提供一些糕点小吃。

（3）服务酒吧（Service Bar）。服务酒吧是一种设置在餐厅中的酒吧，服务对象以用餐客人为主。中餐厅的服务酒吧较为简单，酒水种类也以国产为多。西餐厅的服务酒吧较为复杂，除要具备种类齐全的洋酒之外，调酒师还要掌握全面的餐酒保管和服务知识。

（4）宴会酒吧（Banquet Bar）。这一类酒吧是根据宴会标准、形式、人数、厅堂布局及客人要求而摆设的酒吧，临时性、机动性较强。

（5）外卖酒吧（Catering bar）。外卖酒吧是根据客人要求在某一地点，例如大使馆、公寓、风景区等临时设置的酒吧。

（6）俱乐部、沙龙型酒吧。由具有相同兴趣爱好、职业背景、社会背景的人群组成的松散型社会团体，在某一特定酒吧定期聚会，谈论共同感兴趣的话题、交换意见及看法，同时有饮品供应。例如，企业家俱乐部、股票沙龙、艺术家俱乐部、单身俱乐部等。

（7）演艺酒吧。顾名思义，以演艺为主导，酒吧的演艺节目非常重要，演员的质量、节目的质量、演出的形式都要精心打造。地域不同，当地的文化也不同，要结合客人的需要来制作节目，赢得客人的喜欢，但也要在酒吧中体现时尚的元素，引导时尚理念。在演艺方面要精心策划，时常变换节目的人员和形式。

（8）多功能酒吧（Grand Bar）。多功能酒吧大多设置于综合娱乐场所，它不仅能为用餐客人提供用餐酒水服务，还能为赏乐、蹦迪（Disco）、练歌（卡拉OK）、健身等不同需求的客人提供种类齐备、风格迥异的酒水及服务。这一类酒吧综合了主酒吧、酒廊、服务酒吧的基本特点和服务职能。有良好的英语基础，技术水平高超，能比较全面地了解娱乐方面的有关知识，是考核调酒师能否胜任的三项基本条件。

（9）台球酒吧。随着国内台球运动专业化水平的提高，酒吧与台球俱乐部将完美地结合在一起。单从管理角度说，台球和酒吧哪个作为重点，需要根据当地的人文环境来决定。

（10）主题酒吧（Saloon）。现实比较流行的"氧吧"（Oxygen Bar）、"网吧（Internet Bar）等均称为主题酒吧。这类酒吧的特点即突出主题，来此消费的客人大部分也是来享受酒吧提供的特色服务，而酒水往往排在次要的位置。

## （二）咖啡馆

最早的咖啡馆叫作"Kaveh Kanes"，是在沙特阿拉伯的麦加建成的。尽管最初是出于一种宗教目的，但很快这些地方就成了人们下棋、闲聊、唱歌、跳舞和欣赏音乐的中心。咖啡这种神奇的饮料，早在阿拉伯人时代就被赋予了神奇的功能。借助咖啡，人们思考问题、梦想世界、辩论时政，"是思想家和国际象棋大师的精神食粮"——阿拉伯人就是在咖啡馆中锤炼国际象棋技艺的。现在的咖啡馆是人们休闲、商务交流的场所。咖啡馆的环境既不像中餐厅那么热闹，也不像快餐厅那么匆忙。因此，许多人都把咖啡馆作为与朋友、同学或客户商谈、交流、沟通的一个场所。还有一些人把咖啡馆当作思考、独处或处理工作的场所。

### （三）茶馆

中国的茶馆由来已久。据记载，两晋时已有茶馆。自古以来，品茗场所有多种称谓，长江流域多称其为茶馆；两广地区多称其为茶楼；京津地区多称其为茶亭。此外，还有茶肆、茶坊、茶寮、茶社、茶室、茶屋等称谓。茶馆与茶摊都是专门用来喝茶的场所。不过茶馆与茶摊相比，其经营规模和饮茶方式有所不同。茶馆设有固定的场所，人们在这里品茶、休闲等。茶摊没有固定的场所，是季节性的、流动式的，主要是为过往行人解渴提供方便。

#### 1. 茶馆的类型

（1）书茶馆。书茶馆，即设书场的茶馆。清末民初，北京出现了以短评书为主的茶馆。这种茶馆，上午卖清茶，下午和晚上请艺人临场说评书，行话为"白天""灯晚儿"。老北京的茶馆遍及京城内外，各种茶馆又有不同的形式与功用。在这种茶馆里，茶客们边听书，边饮茶，以茶提神助兴，听评书是主要内容。书茶馆，直接把茶与文学相联系，给人以历史知识，又达到消闲、娱乐的目的，老少皆宜。

（2）音乐茶座。音乐茶座是既品茶又娱乐的文化场所，在唐代已有先例。不过其正式出现却是20世纪以来的事。特别是20世纪80年代以来，随着改革开放以及国内外文化交流的不断加强，在一些大中城市里，音乐茶座应运而生。音乐茶座一般环境较为幽雅，配以柔和的灯光。音乐茶座的形式多样，内容丰富。人们可以品茶自娱，也可以约上几个朋友，在音乐的伴奏下，翩翩起舞；还可以在啜饮纳凉的同时进行各种交流。

（3）野茶馆。野茶馆多指近郊游憩之所的茶馆，桌椅茶具都十分简陋，也不太讲究泡茶的用水，而以田园自然风光为主要特色。还有一种十分简陋的小茶摊，专为过往客人服务，名字十分有趣，叫作"雨来散"。在北京街头有一些以当地百姓为消费对象的茶馆，更贴近百姓生活，且风景秀丽，收费低廉，是老年人的消遣去处。

#### 2. 茶馆的派系

（1）川派茶馆。在以农业文明的封闭性和静态性为特征的巴蜀文化的影响下，成都茶馆的地域特点十分突出。在史料记载中，中国最早的茶馆起源于四川。早在民国初期，成都茶馆已达 454 家，居四川之最，是历来茶馆数量最多的城市。在空间格局和服务方式方面，成都茶馆具有自己鲜明的特色。20 世纪 80 年代，最初大批传统老茶馆开门迎客，之后茶馆数量很快恢复到 600 余家。这一时期的成都茶馆，其空间格局仍延续了早期茶馆的"当街铺""巷中寺""河畔棚""树间地"的老传统。茶馆内，最具代表性的摆设是竹靠椅、小方桌，"三件头"（盖碗、紫铜壶和老虎灶）。在茶馆中服务的堂倌都是掺茶"茶博士"，个个身怀绝技，这是成都茶馆最具特色的服务形式。茶馆中提供的是单一的花茶。20 世纪末，这些茶馆从露天进入室内，不再延续茶馆的敞开式风格，改铺舍为茶楼，室内装饰风格一改传统茶馆的简朴而趋向豪华，许多茶馆摆上了钢琴。茶馆提供的茶水也不再局限于花茶。此时，茶艺表演也开始在成都出现。成都茶馆发展开始趋向多元化。一些适于茶馆经营的主题文化如盐道文化、藏文化、集邮文化等走进茶馆，同时，棋牌、足浴、桑拿等经营项目也被引入茶馆。

（2）粤派茶馆。广州在"得风气之先"的岭南文化的影响下，茶馆发展起步早，是南方沿海地区茶馆的代表。广州"重商、开放、兼容、多元"的地方特色在茶馆中表现得十分突出。与其他地域不同的是，广州茶馆多称为茶楼，楼上为茶馆，楼下卖小吃茶点，其典型特点是"茶中有饭，饭中有茶"，餐饮结合。当代广州茶馆的雏形是清代的"二厘馆"，最初的功能是休闲和餐饮，为客人提供歇脚叙谈、吃点心的地方。广州人向来有饮茶的习俗，尤其是"喝早茶"。20 世纪 90 年代末，茶馆从布局、装饰到背景、音乐、佐茶糕点及其他辅助性服务细节都有了很大变化。紫砂茶具、传统字画的展示成为茶馆发掘的新功能之一，多种文化活动选定茶馆作为演出场所。进入 21 世纪，广州及周边地区各式茶馆如雨后春笋般发展起来，茶馆数量突破千家，大多分布在公园湖畔、街道、大型社区、宾馆、健身休闲会所内，分布广，密度大。

（3）京派茶馆。北京茶文化的主要特点是：历史悠久、内涵丰富、层次复杂、功能齐全。北京茶馆始终具有多样性的特点。既有环境幽雅的高档茶楼、茶馆，也有大众化的以大碗茶为主要特征的街头茶棚。明清以来，就有闻名遐迩的大茶馆、清茶馆、书茶馆、茶饭馆、野茶馆、棋茶馆，更有为数众多的季节性茶棚。茶馆是北京民众社会、经济、文化生活的一个重要窗口。茶馆文化是京味文化的一个重要方面。老舍先生的话剧《茶馆》可以帮助人们了解清末民初北京的社风民情。进入 21 世纪后，商务功能和外来文化也在北京茶馆中得到了体现。老舍茶馆以热闹的锣鼓声、丰富的演出成为外国游客了解中国文化的重要场所。突出湘西特色的"朋来先敬"，主推商务功能的"梧桐会馆"，将园林、寺院与茶文化相结合的"明慧茶院"等，都展示着各自的魅力，吸引着众多茶客前来品茶。

（4）杭派茶馆。在"人性柔慧，尚浮屠之教"的吴越文化的影响下，杭州茶馆的发展是全国茶馆业中最发达、最先进的代表。西湖与"西湖双绝"（龙井茶、虎跑水）是杭州茶馆得天独厚的优势。新中国成立之初，杭州茶馆的数量不及成都一半，但杭州茶馆种类更为丰富、功能更加齐全。当代各地茶馆所具有的服务功能和经营类型基本没有超过杭州茶馆涉及的范畴。

# 第五节　都市娱乐

人们有时需要暂时放下忙碌繁杂的日常工作，游刃于繁华与静谧之间，在钢筋水泥之中寻求自然放松的生活。据美国有关部门的统计数据显示，美国三分之一的土地、美国财政三分之一的收入和美国人三分之一的时间都用于休闲度假。这一观念也逐步被国人所认同。与普通休闲生活不同的是，现在盛行的都市休闲风潮中，人们不必远行到郊外或者等到有假期才能放松，在家门口就能享受城市化的生活便利以及闲适的慢节奏生活。

## 一、都市娱乐

### （一）娱乐的本质

"娱乐"一词的英文表述是 recreation，它来源于拉丁语 recretio，是"创造新的"或"变成新的"，甚至是"恢复和再生产"的意思。据《韦氏大辞典》释意，娱乐是指在辛劳过后，使身体及精神得到恢复的行为。

娱乐的目的是获得快乐。为此，人类创造出了丰富多彩的娱乐方式。很多娱乐方式都是有助于平衡人的脑部化学结构的工具，但也有可能对我们的心灵和情绪造成负面影响。有时我们习惯以看电视来逃避自己的真实感受，逃避使人的脑部获得治疗的机会。有些电视节目有助于提高血清素，有些却会引起高度亢奋，尤其是当我们安静地坐着观赏时，我们的脑部化学结构会被动作片、恐怖刺激片等所操控。走出家门，具有轻微引致振奋的效果，比长时间坐在电视机前健康多了。

中国传统文化一贯倡导中庸和平和的行为方式，避免追求极端的快感。面向未来，人类还将创造出越来越多的娱乐方式。择其善而从之，是人类保持健康的必然途径。通常的娱乐方式包括跳舞、看戏、竞赛、听音乐、户外活动、读书、写作、演讲、社会活动、志愿活动等。

### （二）都市娱乐

随着社会生产力的提高和社会文明的进步，都市居民闲暇时间总体上在增多，休闲对现实城市生活越来越重要。休闲问题关系到城市产业发展、居民生活质量与城市空间布局等多个方面。由表7-1可知，在都市居民生活行为结构中，休闲娱乐行为实际上占据了人们很大一部分的生活时间。

表7-1　都市居民娱乐项目

| 序号 | 项目分类 |
| --- | --- |
| 1 | 去迪厅、KTV 等娱乐 |
| 2 | 玩电脑游戏、玩游戏机（包括电子宠物） |
| 3 | 去电影院、剧院或现场观看表演 |
| 4 | 吹、拉、弹、唱等自娱活动 |
| 5 | 体育锻炼、室外散步 |
| 6 | 下棋、打牌（包括扑克、麻将） |
| 7 | 业余爱好（书法、绘画、摄影、收藏、写作、设计、发明等） |
| 8 | 参观、游玩（名胜古迹、纪念馆、展览馆、博物馆、风景区、公园等） |

休闲娱乐产业是现代社会的产物，起源于欧美国家，19世纪中叶初露端倪。进入20世纪，在生产力发展的推动下，与休闲娱乐相关的行业逐渐产生，20世纪70~80年代是发达国家休闲娱乐产业高速发展的时期。如果说劳动是在奋斗中体验人生和世界，那么休闲娱乐则是在自由和放松中体验、感悟人生和世界。人们在劳动之余，利用各种休闲娱乐方式，充分发展个性，发挥潜能，从而获得一种完美的、全面的心理感受。一般来说，都市娱乐休闲活动可以分为：保健性休闲、娱乐性休闲、情感性休闲、知识性休闲和旅游性休闲（表7-2）。

表7-2　都市娱乐休闲活动的分类

| 分类 | 休闲方式 |
| --- | --- |
| 保健性休闲 | 健身和体育活动，包括：篮球、足球、排球、乒乓球、高尔夫球、保龄球等球类运动，以及游泳、健身操、太极拳、爬山、远足、户外垂钓等 |
| 娱乐性休闲 | 自娱自乐的KTV，欣赏歌舞、音乐、影视节目，观看体育比赛，广场娱乐活动 |
| 情感性休闲 | 探亲访友，家庭购物，电话、传真、书信、电子邮件往来 |
| 知识性休闲 | 逛书店购书、进图书馆阅读、听讲座、上网、参加培训等 |
| 旅游性休闲 | 部分观光旅游、休闲旅游 |

## 二、都市娱乐业的现当代社会地位

现代人不但要保证足够的休息时间，而且要讲究休息质量，即能否在休息时间内真正得到充分的、形式多样的高质量的休息。休闲生活看起来好像无关紧要，很少有人意识到休闲娱乐同工作一样也在创造着比金子还珍贵的价值，那就是生命的质量和生命的延续。大多数休闲娱乐方式是以文化为依托，并且在休闲娱乐业发展的同时，也促进了文化的交流与发展。特别是现当代的休闲娱乐业，可以说是一种文化态度，在潜移默化地影响着人们的世界观，也拓展了人们的视野。

都市娱乐业对文化的影响是举足轻重的。另外，都市娱乐业的发展涉及的两个最主要的方面：一是文化，二是经济。在关注都市娱乐业对文化产生影响的同时，更不能忽略它对经济的巨大推动作用。

一般意义上的休息是生理需要，都市娱乐则是现代生产力发展的需要。都市娱乐业也将成为我国国民经济中的重要组成部分。以发达国家为例，在很多大城市中，各类休闲活动的开展已成为经济活动得以运行的基本条件。尽管从历史来看，城市的产生和发展主要依赖工业的繁荣，可是社会的进步和科技的发展使得如今的城市经济模式已经开始转变，越来越依赖休闲活动的兴旺发展了。随着城市工业基础的瓦解，城市经济的良性循环在很大程度上越来越依赖各种休闲需求的实现。这种休闲需求随处可见，尤其表现在对城市各种娱乐设施、餐饮服务等资源商业性的开发和利用方面。

此外，休闲活动在区域经济的发展中也起着重要的作用。首先，有远见的企业家考虑是否在某一地区投资建厂时，并不只看重其是否有发展完备的工业区和可观的潜在市场收益，反而在很大程度上取决于企业的雇员是否满意那里的社区生活服务水平。这就是人们经常提到的"生活质量"问题。其次，休闲娱乐业的发展可以创造大量的就业机会。最后，休闲娱乐业可以成为区域间经济合作与交流的桥梁。区域间休闲娱乐业的发展，可以相互引进技术、设备、人力、管理经验、资金和信息，打破地域及行政上的束缚，提高资源利用率。连锁经营服务就是其中一个成功的示范。

## 三、都市娱乐业的发展前景

进入信息化时代之后，第三产业逐渐成为社会的主流产业。随着生活水平的提高，人们对生活质量的要求也越来越高。这无疑推动着休闲娱乐业的迅速发展。在某些发达国家，休闲娱乐业已经逐渐完善。我国的经济水平和社会文明程度与西方国家相比尚存在一定的差距，导致我国的休闲娱乐业起步较晚。但是，作为世界最大的发展中国家，我国人口多，消费量也就多，并且越来越多的人注重学习工作之余的休闲时间，这必定带动休闲娱乐业的发展。另外，近几年，政府出台的政策大都是大力支持休闲娱乐业的发展，以此推动经济效益。由此可见，我国休闲娱乐业的发展前景十分广阔。

---

**相关链接** 🔍搜索

### 华侨城定义现代都市娱乐商业

**一、创想基因不断裂变，属于华侨城的进化论**

成都华侨城，作为华侨城集团 2006 年开始布点的西部重点项目之一，已经步入了稳健、有序的发展轨道。其中，其商业板块正式跃上创想的大舞台。从深圳的住宅地产配套商业，到北京的小规模商业区域发展，成都华侨城商业区以占地 50 万平方米的规模，独立成型于城市核心，成为华侨城商业发展史上一次极具挑战和创想的大胆尝试。

成都华侨城商业，率先提出"都市娱乐"的全新商业概念，突破传统商业的单一性、区域性，颠覆性地融合诸多丰富业态，以更多元化的消费娱乐空间，满足人们不断提升的个性化生活要求，领军成都商业发展进入一个全新时代。

2009 年的夏季，华侨城整合自身多种优势资源，推出以"城市夏天"为主题的六大精彩活动，包括：加勒比水公园开放、青年艺术年展览活动、华侨城数字娱乐风暴系列活动、成都啤酒狂欢节、成都国际美食节、欢乐谷首届国际魔术节，掀起城市全夏季不间断乐玩新风潮。

**二、华侨城解读成都商圈的刚性需求**

在成都飞速发展的当下，传统密集的春熙路、骡马市以及盐市口商圈，已经无法承载整个成都娱乐消费的需求。所以，今日的"核心商圈"，已不再是"市中心"的概念。它应该是具有整合、提升城市功能，满足人们各种消费、娱乐需求的地带。

在华侨城商业整个 50 万平方米的规划中，35 万平方米的商业西区，将建成汇集中高端国际品牌的大型购物中心、商务区以及高档住宅配套，15 万平方米的商业东区则更侧重于都市时尚娱乐的先锋业态。

**三、全新都市生活，从这里到你心里**

第一，从点到面。都市所需要的新商业格局，应该具有开拓性的意义。在华侨城公园广场的整体规划建筑中，采用了开阔的空间、简约的设计法则，将整个区域营造出一种让人流连忘返的氛围。独有的珍稀生态水岸，可以说在成都现有商业区中都是独一无二的，让人从细微的接触点，发现生活不止一个面。

---

　　第二，从购物到娱乐。"都市娱乐"要呈现一个规模性的区别，不仅来自抢占市场的头号品牌，而且来自诸多业态的颠覆性组合、精准的分布调控和全年不断的主题活动。目前已经率先亮相的华侨城公园广场一期，容纳了国际美食、休闲娱乐、影视动漫、特色零售等时尚业态，成功引入了西南首家室内外双飞的娱乐风洞、群雄数字娱乐竞技城、IMAX 影院等知名品牌。

　　第三，从区域到全域。华侨城商业将率先满足成都市区 500 万核心消费群体物质与精神的高品质追求，以大成都范围来看，则将一种新兴的一站式体验消费融入 1100 万人的生活中；同时，与华侨城主题公园互动融合，影响力将遍及整个西南地区。

　　——资料来源：华侨城定义现代都市娱乐商业［N］. 成都商报，2009-06-11.

# 第六节　乡村体验休闲产品开发

　　人类社会已经先后经历了产品经济、商品经济和服务经济时代。一个以体验经济为基础的时代正悄然来临。乡村休闲旅游不再只是休养身心的"业余活动"，还成为都市人群"补充工作能量"的特有形式。乡村休闲以其乡村性、平民性、参与性和体验性，适应了当代都市居民对原生性和生态性的内在要求。乡村旅游、农园采摘、农家美食、乡村度假等，近年来渐渐催生出一个蓬勃发展的新兴产业。

## 一、体验与乡村休闲的关系

### （一）体验的内涵

　　"体验"这个概念最早由美国学者阿尔文·托夫勒提出，《现代汉语词典》中把"体验"定义为"通过实践来认识周围的事物"。体验一般是指以服务为舞台、以商品为道具，围绕消费者，创造出值得消费者回忆的活动。真正引起世人关注的是在 1998 年，美国经济学家约瑟夫·派恩二世和詹姆斯·吉尔摩出版了《体验经济》，之后"体验经济"逐渐成为学术界的关注重点，一系列的相关论文层出不穷。《体验经济》一书中，对"体验经济"一词以及其内涵作了详细分析和介绍。派恩和吉尔摩把体验经济的内涵解释为：它是一种企业以服务为舞台，以商品为道具，以消费者为中心，创造能够使消费者参与，值得消费者回忆的活动的经济形态。体验同货物、商品和服务一起被列为经济价值演变的四个阶段的不同标志物。简单地说，体验经济最重要的一个表现是把体验作为一个可以买卖的"物品"。体验环境就是指在体验经济大背景下，消费者花费时间、精力、金钱购买体验的一个消费环境。在这种环境下，消费者更愿意选择参与性、个性化程度高的能够给其留下美好回忆的商品。

### （二）体验与乡村休闲

乡村休闲是以远离都市的乡野地区为目的地，以乡村特有的自然和人文景观为吸引物，以城镇居民为主要目标市场，满足旅游者休闲、求知的需要。目前的乡村休闲产品以农家乐、观光及采摘果园为主导产品，消费观念以节俭为主，消费水平较低。但从产品内容、目标市场等已经可以看出，乡村休闲是以"乡村生活方式"为主要出发点的，而生活方式是需要旅游者亲自体验才能了解的。因此，乡村休闲是旅游中与体验关系最为密切的一种休闲方式，体验将在乡村休闲产品开发中发挥举足轻重的作用。

### （三）乡村休闲产品体验的"草根性"

乡村的魅力就在于它的"乡土性"或曰"草根性"，乡村休闲产业能否持续发展，在很大程度上取决于对于这种"草根性"的保护和维护。但当代旅游发展趋势中出现的乡村旅游热点也并不意味着只要是乡村就必然会对游客产生吸引力。

英国著名旅游专家约翰·厄里（John Urry）认为，只有那些称得上具有"理想的风景画"的乡村才会对游客构成吸引力，这是不难理解的。那些河流受到污染、环境脏、乱、差的农村是不可能对城市休闲者产生吸引力的。即使在体验的视角下，休闲的体验资源大大拓展了，但景观的要素基本要求还是没有本质变化的，这一点也是乡村休闲产业发展的重要基础。

农林渔产业、农村景观本来就具有相当浓厚的地域性与"草根性"。然而，近年来随着城市工业向乡村的侵蚀，以及交通通达性的增强，人文景观资源尤其是现代人文景观资源的供给迅速增加，自然景观资源不断被开发出来，从而表面上"更好地"满足了人们日益增长的景观需求，但同时，环都市乡村的景观也正迅速"现代化"和"城市化"。如果从深层次上考察这些观光视角下的开发方式，就会发现自然景观资源同其他自然资源一样遭到严重破坏，环境的视觉污染与环境的其他污染一样，使得这些地方本来就很脆弱的"草根性"正迅速丧失。为了满足"草根性"的体验需求，人们不得不到离城市更远的乡村去，从而增加了其经济成本和时间成本。

由此，我们有必要深化对乡村景观资源的再认识，努力在体验经济的指导下进行"草根性"乡村休闲景观资源的科学合理开发。正确评价乡村景观资源的价值，培育和维护"乡土性"的景观资源，可以为提升乡村休闲的体验质量奠定物质基础。

## 二、乡村休闲产品的体验化开发原则

体验的追求是人们选择乡村休闲的本质动力。乡村旅游开发和管理者必须认清时代发展走势，充分认知当代都市居民观光向体验转型的消费大势。体验型提升的重要意义不是开发一种新产品，而是赋予了乡村旅游一种新功能，而且是能带来强大发展力的新功能，是延长产业生命力的新优势。在乡村休闲产品开发中应坚持以下几个原则：

（1）以人为本原则。在体验的视角下，休闲旅游是一个注意力经济。由此，调整旅游资源开发方向，就必然要调整旅游经营内部经济技术活动。旅游产品建设要从旅游观光为主，转向观光产品、休闲度假产品、主题产品共同发展，实现旅游产品形式的调整。在体验的视角下，传统的点、线旅游是长距离的观光旅游，但现在的都市人休闲的需求增加了，需求市场发生了极大变化，今后的乡村旅游发展应坚持以人为本的原则。

（2）体验性原则。在乡村休闲的体验化升级中，要研究和有针对性地设法满足休闲者的体验性需求，使相关游乐活动更具生动性和参与性。尤其是乡村旅游、休闲农业、农事节庆、民俗仪式等活动的内容和形式，要从休闲者的体验需求出发，力求丰富和满足休闲者的娱乐体验、教育体验、逃遁体验和补偿体验，以及寻求新奇的体验、追求时尚的体验。为了让休闲者获得更好的体验，应当设计丰富的休闲主题。主题设计可以虚拟化，通过当下的回忆，像戏剧一样作一种假定，游客可以通过一定的文化程序进入一个特定的心理层面。就如一个从农村长大毕业后留在城市里的人，在乡下环境中滚着铁圈、打着陀螺、踩着高跷的时候，就进入了一个过去式的"自我"状态。

（3）可持续原则。这是一项旅游开发与生态保护相结合的原则，区别于当代城市景观环境的田园风光、民族风情、自然风光、新鲜空气、生态农业等生态自然环境是乡村休闲的项目载体，同时也是村民赖以生存和发展的基础。要开展乡村休闲经营，但不能无度开发和无序开发、盲目开发。否则，就失去了原生态的味道，破坏了优美的生态环境，弱化了风情浓郁的民族风情，该地吸引城里人来休闲的依据也就失去了，甚至村民赖以生存的基础也会受到极大影响。因此，在乡村旅游的开发中，要坚持旅游开发与生态环境保护相结合的原则，提高经济效益与可持续发展相结合。

（4）参与性原则。当前乡村休闲项目中普遍存在着游客参与性差的问题，这是需要高度关注和改进的。事实上，"农家乐"也可以让更多的游客参与其中。例如，可以开发一些参与性较强的项目，围绕人们的生产、生活、娱乐、消遣等安排各种活动。在观光旅游的基础上，更深层次地挖掘当地的民俗文化资源，开发一些独具地方特色的民间礼俗、民间工艺、民间歌舞活动，这样可以有效地调动休闲旅游者的消费积极性。

## 三、体验情形下游客的消费特点

近几年，我国消费者对体验性的需求在所有需求中的比重不断增加。在消费中，人们寻找价值认同和身份认同的感觉，特别是青年一代和高收入层，普遍对品牌的忠诚度较高。时尚、品牌、品位、格调、流行、个性、身份、圈子，这些因素都是影响消费的主要因素。随着服务经济转向体验经济，旅游者的消费观念和消费方式发生了多方面的变化，旅游消费者需求的结构、内容、形式也随之发生了显著变化。体验经济时代的旅游消费呈现出以下特点：

（1）从需求结构上看，心理需求（情感需求）的比重明显加重。旅游者在注重旅游产品和消费质量的同时，更加注重情感的愉悦和满足。旅游者更加偏好那些与自我的心理需求能产生共鸣的产品。一个美好的旅游过程使旅游者获得的满足感是旅游者最为重要的收获。而一个令人不愉快的旅游过程往往会成为旅游者事后投诉的诱因。表现到具体的投诉内容就是对旅游服务质量的不满。因为服务质量是衡量旅游过程是否愉快的一个可见的因素。旅游者在旅游过程中拍摄的照片和录像能够在之后勾起其回忆，这就是一种情感需求的表现。

（2）从内容上看，参与性项目越来越受旅游者青睐。没有参与的旅游项目，充其量带给游客的只是一种暂时的感官感受。随着旅游者消费观念的成熟，这种走马观花似的旅游越来越不能满足游客的需求。尤其是对于精力充沛的年轻旅游者，这样的旅游对他们的吸引力远没有参与来得强。可以说，这样的需求转变是旅游业发展所带来的一个必然性的结果。

（3）从形式上看（主要是接受形式），旅游者的主动性增强了。旅游消费者由被动变为主动参与旅游产品的设计与制造。从近年来的消费实践看，旅游消费者从被动接受旅游产品发展到对旅游产品提出个性化需求，他们越来越希望和旅游企业一起，按照新的生活意识和消费需求开发能与其产生共鸣的"生活共感型"旅游产品，开拓反映旅游消费者创新的生活价值观和生活方式的"生活共创型"市场。

从以上三点可以看到，旅游消费者需求的变化，使体验在旅游产品开发时成为一个必须要考虑的因素，甚至可以说以后旅游产品的开发都将以体验为中心。

## 四、乡村休闲的主题化产品开发

乡村休闲的主题化产品开发，可以是体验理论指导下的理论设计，但更多的是基于休闲需求满足而不断创新的实践创造，比如农业旅游园区、乡村DIY活动中心、乡村俱乐部、乡村博物馆、乡村田园公园、乡村民俗度假区、古村落与传统村落旅游、乡村营地、乡村景观意境体验 9 个典型主题的产品开发设计。

## （一）农家乐的体验价值增值

农家乐是以乡村独特的生产形态、民俗风情、生活方式、乡村风光、农舍民宿等乡村文化为内容的综合性的休闲产品，是集观光、美食、度假、康乐于一体的乡村休闲地域的泛称。在各地的实践中，有"田园农家乐""山乡农家乐""水乡农家乐""茶乡农家乐""竹乡农家乐"等多种类型。农家乐活动的特色，就体现在"农、家、乐"这三个字上，这也是当代都市人乡村休闲中最旺盛的需求之一。基于此，首先就是在"农、家、乐"上做足文章。

### 1. 农家乐的优势是在"农"字上

田园风光、观光农业、生态农业、农舍民情、农家饭菜、农作劳动等是吸引城里人的特色产品，"农家的原汁原味"是农家乐的精华。由此，在农家乐的各种休闲安排中，要真正突出农家的风味。比如，在农家乐的餐饮中，不必也不能刻意模仿和学习城市饭店的做法，即使有经济实力也没有必要聘请城里的专业厨师。都市居民在这里想要体验的就是一种乡土味，吃着乡村的"厨娘"而不是宾馆的"厨师"做的饭菜会更开心。

### 2. 让休闲者有"归家"的感觉

这种"家"的感觉不只是"农家"，还有适当照顾休闲者本人平日的居住习惯。绝大多数休闲者都有一种矛盾心态。一方面，他们希望体验到原汁原味的乡村生活；另一方面，又自觉或不自觉地不愿意过分背离自己习惯的生活环境，担心安全和卫生状况，因此有所顾虑。院落整洁，厨房干净，厨娘利索，既有农家风味，又卫生安全的农户特别受都市居民欢迎。这也督促农家乐的经营者要注意搞好餐饮和居住环境的卫生，还要注意自身的干净、利落，有亲切感，让休闲者放心。

### 3. 最终目标是"乐"

来农家乐休闲的不仅仅是年轻人和中年人，也有孩子和老人。因此，农家乐经营者要设法安排一些适合各个年龄段人群的娱乐休闲设施，如棋牌室，有条件的可以建儿童戏水池，甚至布置一些制作吧、茶室、种植园。但这些设施的安排应该以不破坏乡土风格为前提，尤其在环境设施的外观上要注意和乡村整体景观相协调。

"乐"的另一种意义是让乡村休闲者主动地多层面"参与"，包括农艺操作、品尝、娱乐、健身、农业夏令营等方面。以农耕体验为例，可以让更多的人在当地村民的指导下，犁田耙地，栽种季节性不强的秧苗。休闲者参与季节性太强的种植，也许可能会误了农业生产，比如种植方法不科学、技术不到位。但如果经营户能够从休闲者农事体验中获得收益，尤其是这种收益大于农户正常种植本身的收益的话，同样可以考虑。例如，日本都市休闲者到田里插秧要向农户交钱。休闲者走后，农户把稻苗拔起，再让下一批来乡村体验的人来插秧。这也不失为一种可行的主题设计。

### 4. "农家乐"不能丢了"乡、野、土"农家三味

要设法吸引并留住城里来的休闲者在此观（农业观赏）、尝（品尝农产品）、娱（农业娱乐）、劳（劳作体验）、育（农业教育）、购（购买农副产品），用成都农家乐的提法是"吃农家饭、住农家院、干农家活、享农家乐"，设法让休闲者在此获得一种难以忘怀的体验和记忆，甚至成为都市居民一种时时向往的休闲生活方式。

只要能为都市居民带来新的"农家乐"体验，就可以尝试创新。如果条件允许，还可以进一步扩大规模，建立园林休闲式、花果观赏型、景区旅舍型、花园客栈型的农家乐。只要经营户突出特色、突出个性，就能够吸引城里人的目光，从而在整体上提高农家乐项目的趣味性和吸引力。为增进人们的体验质量，乡村休闲消费环境是可以按主题化的舞台效果营建的。乡村的体验环境应与城市人文娱乐产品的环境虚拟有所区别，主要是体现乡村性和乡土性。为了达到这一目标，可以采取以下两种方法：

（1）"回归自然"的取向。随着社会现代化程度的高速发展和工业生产的迅猛发展，城市生活带给人们富足的物质生活和良好的教育条件，极方便的生活设施以及更多的发展机会，但现代化、城市化也使城市居民远离自然。人们开始呼唤温暖的阳光、纯净的水、绿色的林地、视野开阔的空间，呼唤与重拾有精神文化与可交流的空间环境。为了更好地满足人们的这些需求，第一，要"引入自然"。即在有足够面积的共享空间里直接种植乔木、灌木和花草，设置山石等自然物，使"室内环境室外化"。一些餐馆内布置成了院落，消费者坐在大树下休闲用餐，饭店里还挂着玉米挂、辣椒串，摆放着石磨、石碾，很有特色。第二，要"微缩自然"。即采取微缩手法，设计尺度较小的自然景观，如假山、洞穴、喷泉、小桥、竹篱。第三，要"模拟自然"。即在无法直接引入自然的环境中，可以用以自然景物为题材的绘画、雕塑、石桌、竹木藤制家具和盆景、盆花等陈设，还可以用与自然相关的楹联、牌匾和命名，如荷厅、梅厅，引起人们关于自然的联想。第四，要"因借自然"。即通过敞厅、敞廊、景窗、景洞和幕墙等将室外的自然景观"借"到室内来。

（2）"回归历史"的取向。基于体验的视角，营建传统农宅甚至是新中国成立前的"地主老宅"的庭院效果也无不可。在家件摆设方面，多摆放一些旧物陈设，如八仙桌、小木凳，如果有老宅的基础最好。此时要注意的是，在房宅不得不维修时，一定要遵循"修旧如旧"的原则，可着意表露屋顶、阳台、栏杆、门窗、花饰等具有特色的部分，

甚至有意在房顶上撒几粒草种，让其很快长出稀疏的小草，以营造古宅的"景观意象"。在村落整体建设中，或在老街的改造翻新中，要使街道宽度、小巷宽度等各种相关建筑保持宜人尺度，一些休闲环境要注意保持其宜人的尺度，切忌随意插建现代建筑；虚拟也是一种思路，侍者也要穿着相应的服饰，以使休闲者从中能产生关于某个时代特定环境的相关联想。

### （二）童玩游戏、农事节庆和民俗仪式的体验资源开发

流传于我国各地的乡村游戏和童玩活动，从形式、器具到活动规则都有很大差别，但也有一些乡村游戏活动是大同小异的，是在乡村长大的人甚至是部分在城市成长的人共同的记忆，如过家家、捉迷藏、丢手绢、放风筝等等，还有一些童玩游戏如捉青蛙、捅鸟巢、斗蟋蟀、骑竹马等可能只是乡村所独有的。黄金明所著的《乡村游戏》一书中收录了数十种流传于各地的乡村游戏。乡村游戏极具休闲开发价值，可以作为乡村休闲的细化主题。

#### 1. 常见乡村游戏

（1）捉迷藏。这是一种极古老、极普遍，至今仍有着极强生命力的乡村游戏之一。各地区的玩法虽有不同，但核心内容不外乎是"藏"与"捉"的博弈。在有些地方，"捉者"需要蒙面，但活动空间的预知性高，也就是在人们熟悉的环境中开展。在有些地方，这类活动只有在月色下或夜幕的掩护下开展，甚至有的是要求"藏"者隐藏好后，就不能再随便移动藏身位置，捉者在一定时间内如若找不到的话，藏者还必须有意识地做出点声响以暗示自己的位置。另外一些地方，这种活动规则比较灵活，过程中藏者还可能不停地变换位置以躲开捉者的视线，直到被发现为止。这类活动多在乡村的打谷场、小树林或村院中开展，男女不拘，人数不限，最少时两人即可"对垒"。

（2）过家家。即两个孩子或一群孩子，一本正经地模仿大人的家庭生活或社群生活。参与者自编自演、自娱自乐，既是导演，又是演员，同时也是观众。可以结合玩泥巴等活动，用泥巴、砖瓦、树枝等垒出各种"房屋"模型，可以植竹篱，垒茅厕，砌锅灶，建猪舍、牛栏、鸡屋，反正是孩子们理解中的家就行。可以有"拜堂成亲""走娘家"，甚至"哺育"孩子，在一种喜庆的氛围中进行各种他们理解的家的生活或社区生活。

（3）"斗鸡"。之所以要加引号，主要是考虑到这种形式本身虽然是用农家鸡来争斗，甚至是用蟋蟀等也可替代，然而，作为游戏设计，也可以由人做斗鸡的模样。许多地方也叫"跳鸡"。"跳鸡"跟"斗鸡"相似，关键在于游戏者要单足跳跃并保持身体的平衡。"跳鸡"在于个人表演发挥，"斗鸡"强调双方的对抗性，因而更加紧

张刺激。游戏的要点在于参与者都将一条腿提起弯曲，并用双手扳住，只用另一条腿跳跃并相互撞击，因站立不稳而将提起的腿放下着地者为输。当然，如果被对手撞得人仰马翻，自然也就被淘汰出局了。"斗鸡"既可以是两者单挑，也可以作为群体游戏，比如分成两组，在空地上展开"团队搏斗"，也可以是两队双方每次先出一人，由两人单挑，输者出局，对方再出一人与之对抗，一轮一轮比下去，甚至所有参战者都不分敌我，混战一团。

（4）"老鹰捉小鸡"。这是一种各地均流行的老牌乡村游戏。大体规则是，在一群孩子中选出一人扮演"老鹰"，一人扮演"母鸡"，其余的人均为"小鸡"。"小鸡"排成长队，一个揪住另一个的衣服，跟在"母鸡"的后面，受"母鸡"的保护。"老鹰"必须冲破"母鸡"的阻拦，去抓住队尾的一只"小鸡"，直到把所有的"小鸡"全部抓住就算胜利。游戏中，扮演"老鹰"的孩子"穷凶极恶"，不断地向"小鸡"队伍发起猛烈进攻。"母鸡"则张开双臂，左遮右挡，试图保护自己的"小鸡"。那一长串"小鸡"就躲在"母鸡"的身后，不散队的情况下跟着"母鸡"跑来跑去，又似一条游龙的尾巴摆来摆去，试图逃避被捉住吃掉的危险。一般而言，这种游戏开始时抓几只在队伍后面的"小鸡"似乎并不太困难，因为队伍的长尾巴在掉转过程中很容易被捉住。但越到后来便越困难了，因为随着队伍长度的缩减，掉头的灵活性增加，排在队尾的"小鸡"更容易躲避，游戏会越来越具有刺激性。

（5）套圈。最原始的玩法是，先准备好十几个圈子，大小皆可，圈子可以由藤条、铁条弯成或由其他环形物件代替，然后在空地上竖起一根棍子或放置一些象征性的物品，大伙站在三五米开外的地方依次投掷，套中者为胜。有的规定，若掷中某物，便可据为己有，因而增加了刺激性。这类游戏在现代城市中也能见到，但一般而言，离开了乡村环境，乡土味少了，商业味浓了，有的还具有欺骗性。

（6）织草席。织草席的过程本身就是一种有趣的游戏。可以用苇草、稻草或其他柔韧而纤长的草本植物编织。这种编织可以是一种不追求实用的游戏性的编织，还可以编织箩筐、草鞋、草帽子、斗笠等实用器物。一小部分器物的编织需要由乡村艺人做指导，如织草席等。

需要说明的是，有些乡村游戏在中小城市还能见到，如捉迷藏、套圈等，但因为不具备相应的乡村环境或不具备相应的游戏工具，而没有了乡野之趣，只有在那种自然的村野的背景中，这类游戏才真正富有休闲的意义。虽然这些传统乡村游戏都是孩子们在一起玩的，家长们很少参与，但在体验视角的乡村休闲旅游项目设计中，绝大多数游戏项目都可以由家长或"大孩子"参加，甚至全部是成年人进行的游戏也未尝不可。一方面，这些活动本身能唤起人们对童年的回忆；另一方面，家长在此和孩子共同进行这些活动，也是共享天伦之乐的一种方式。

### 2. 农事节庆和民俗仪式的体验资源开发

在开发乡村游戏和童玩活动的同时，还可以开发农事节庆和民俗仪式，它们可以增强内聚力。社会学的考察已充分表明，民间仪式有着重要的文化创造功能；同时，民间仪式在文化整合过程中直接将仪式的主题、形式、类型等转型为文化的母题、形态和符号系统。这启示我们：参与民间仪式可以实现休闲者的自身价值，还可以启迪甚至直接提高、增强休闲者的文化创造力。许多有一技之长的人，可以参加传统的"社戏"表演，参加舞蹈队，自编自演小节目，甚至从中找到创作灵感，创造出新的文学艺术作品来。

在乡村休闲产业发展实践中，应对这些乡村独有的体验资源给予足够的重视，通过主题活动的吸引，促使城市人口进入乡村旅游活动。为提高乡村休闲的质量，应努力提升农事节庆和民俗仪式活动的文化含量，不能空有文化之名，没有文化之实。应因地制宜地根据周边城市休闲者乡村需求特点，同时坚持个性化原则、文化性原则、创新性原则、体验性原则、群众性原则，把各地各民族乡土性和民族性较强的原生态节日办好，在不失原生态文化的基础上，让更多的都市休闲者参与其中、沉醉其中。

# 复习与思考

## 一、 选择题（有一个或者多个正确答案）

1. 乡村休闲产品的体验化开发原则为（    ）。

A. 以人为本原则　　　B. 体验性原则　　　　C. 可持续原则　　　　D. 参与性原则

2. 上海的南京路属于（    ）。

A. 传统商业街　　　　B. 文化特色街　　　　C. 专业商业街　　　　D. 旅游休闲街

3. 属于非营利性户外运动组织的是（    ）。

A. 国家体育总局登山运动管理中心　　　　B. 户外登山俱乐部

C. 中国登山协会　　　　　　　　　　　　D. 北京市登山协会

4. 根据泉水的温度，温泉可以分为（    ）。

A. 低温温泉　　　　　B. 中温温泉　　　　　C. 高温温泉　　　　　D. 沸腾温泉

5. 我国茶馆的派系主要有（    ）。

A. 川派茶馆　　　　　B. 粤派茶馆　　　　　C. 京派茶馆　　　　　D. 杭派茶馆

## 二、简答题

1. 我国休闲旅游产品开发存在的问题有哪些？
2. 如何更好地开发我国休闲旅游产品？
3. 分析体验与乡村休闲的关系。
4. 简述开发体验性的乡村休闲产品的措施。
5. 简述温泉的形成原因。
6. 简述我国购物中心未来的发展趋势。
7. 简述酒吧的类型。

 推荐阅读

1. 马勇，周青. 休闲学概论［M］. 重庆：重庆大学出版社，2008.
2. 秦学，李秀斌，顾晓艳. 休闲经营管理［M］. 北京：中国科学技术出版社，2010.

# 休闲市场营销

　　本章主要阐明了休闲市场营销的概念体系及其战略模式，共分为两节：第一节分析了休闲市场营销的内涵，并对其特征、主要内容做出了论述；第二节则从多种不同的角度，分别介绍了休闲企业常用的几类营销战略模式，如形象制胜战略、竞争优势战略、品牌支撑战略、网络营销战略和营销组合战略等。

## 学习目标

### 知识目标

1 了解市场营销内涵。

2 掌握休闲市场营销内涵。

3 了解营销战略的内涵。

### 能力目标

1 掌握休闲营销与市场营销的关系。

1 掌握休闲业中常见的三种营销战略模式。

## 无处不在的营销

两个小女孩来到了上海当地的一家星巴克咖啡店。其中一个来到拥挤的柜台，用"星巴克顾客友情卡"换取了薄荷味香浓奶茶和饮料，另一个则找了一张桌子坐下，并玩起了联想 ThinkPa-dR60 笔记本电脑。在几秒钟的时间里，她就使用店里提供的无线网络（中国移动的网络）接入了互联网。接着，她通过中国搜索引擎市场的领先者——百度来搜索由中国盛大公司发布的最新网络游戏信息。除了链接到各种评论网站、新闻网站和游戏迷的网页之外，百度搜索引擎的搜索结果中还提供了网络聊天室的链接——其中有上百个其他的游戏网友正在围绕游戏展开讨论并进行交流。接着，这个女孩进入了聊天室，并提出了这样的问题：已经玩过该游戏的网友是否推荐他人玩这个游戏，并征求相关的建议。在发出帖子以后，很快就收到了许多积极回应。于是，她在百度搜索引擎的搜索结果网页中选择并点击了一个赞助链接，然后就出现了百度提供的竞价推广的网站——把这个女孩带到了盛大公司的网站。在这个网站界面上，这个女孩为自己开设了一个账户。

这时，她的朋友端着饮料回来了，迫不及待地炫耀她父母送给她的新年礼物——色彩鲜艳的粉红色摩托罗拉 RAZR 手机。这是由位于芝加哥的年轻的设计师团队在经过几个月的市场调研和消费者测试之后才设计出的新产品。这时，这部精致的手机收到了一条文本广告短信："可以把盛大公司最新游戏下载到手机上"。看到这条信息，这两个女孩更是对这款手机赞不绝口。然后，这两个女孩就要开始操作笔记本电脑，以便在网上查找有关该手机版电子游戏的网络评论。

——资料来源：［美］科特勒，［美］凯勒著. 营销管理（第 13 版）［M］. 王永贵，等，译.

北京：格致出版社，2009.

**案 例 分 析**

这次成功的休闲营销只是一次偶然吗？它需不需要科学规划和有效实施？

# 第一节 休闲市场营销概述

无论有意识的还是无意识的，任何组织与个人都在从事着各种各样的营销活动。在当今社会环境中，好的市场营销已经成为企业成功的必备条件。而且，市场营销也会对人们的日常生活产生深刻的影响，从服装到网站、到广告……因此，可以说，市场营销已经渗透到人们生活中的点点滴滴。

## 一、休闲市场营销的内涵

休闲市场营销作为市场营销的一个分支，具备其一般内涵。因此，全面理解市场营销的内涵，有助于我们更加科学地制定休闲市场营销策略。

## （一）市场营销内涵

对于什么是市场营销，曾有过多种口径不一、重点有别的表述方式，其中较有影响力和代表性的有以下几种：

美国市场营销协会（American Marketing Association，AMA）定义委员会 1960 年给出的定义为："市场营销是引导货物和劳务从生产者流向消费者和用户的企业商务活动过程。"

美国西北大学著名的市场营销专家菲利普·科特勒提出："市场营销是个人和群体通过创造并同他人交换产品和价值以满足需求和欲望的一种社会和管理过程。"

英国旅游局市场营销部主任阿兰·杰佛逊在总结有关市场营销的定义和观念的说明时写道："市场营销就是将常识用于协调职能。市场营销所关注的就是作为有组织规划基础的研究。市场营销所关注的就是生产、定价、促销以及'盈利'。"

综合分析上述各种定义不难看出，现代市场营销活动的起点越来越高，内容越来越复杂，且更加强调交换关系的建立与市场需求的满足，同时明确提出了市场营销是一种管理职能。在这些认识的基础上，可以对市场营销给出如下定义：市场营销是个人或组织在特定的内外部环境影响下，为促进商品或服务的销售与交换而开展的一切经济活动。它既是一个动态的管理过程，又是一种促使顾客的潜在购买力转化为对产品的有效需求的管理功能。

市场营销作为企业或组织的一种管理功能，其内涵十分丰富。市场营销活动的主体既包括个人，也包括组织；既可以是营利性的企业，也可以是非营利性的企业或组织。市场营销的对象也很广泛，不仅可以是产品或劳务，而且包括企业的经营理念和文化。

---

**相关链接** 🔍搜索

### 推销与营销的区别

推销观念注重卖方的需要，而营销观念则注重买方的需要。推销观念以卖方的需要为出发点，考虑的是如何把产品变成现金；而营销观念考虑的是如何通过产品以及与创造、交付产品和消费最终产品有关的所有环节来满足顾客的需要。

——资料来源：作者搜集整理．

---

## （二）休闲市场营销的概念

休闲市场营销是通过研究休闲市场供求变化，以满足休闲消费者为中心，开发适销对路的休闲产品，以获得最大的社会经济效益的休闲市场经营管理活动。从这一概念中可知，休闲市场营销具有三层含义：

（1）以满足休闲消费者为中心。休闲市场营销是以交换为中心，以休闲消费者为导向，以此来协调各种休闲经济活动，通过提供满足顾客需求的有形产品和无形劳务，来实现经济和社会目标。首先，由于休闲资源和接待能力有限，每个休闲企业或组织都只能根据自身的竞争优势，针对目标市场需求提供相应的产品或服务。其次，休闲产品既包括有形设施，又包括无形服务，产品质量难于控制。最后，在现代经济技术条件下，休闲服务的硬件设施差距逐渐缩小，休闲者满意度在很大程度上取决于休闲从业人员按照顾客需求提供服务的能力。因而，休闲企业或组织应倡导这样一种经营理念：只要有利于地区社会经济的发展，并且是合理而可能的，休闲者需要什么，我们就提供什么。

（2）休闲市场营销是对营销资源的管理。休闲市场营销是一个动态过程，包括分析、计划、执行、反馈和控制等环节。这个过程更多地体现休闲经济个体的管理功能，是对营销资源（例如休闲市场营销中的人、物、财、时间、空间、信息等资源）的管理。可以从以下三个方面来理解这句话。第一，休闲市场营销即休闲企业或组织为了实现既定的目标而把各种营销有机组织起来。它包括对整个营销活动的设计、组织和控制，并更多地体现出休闲经济个体的管理功能，因而是一个动态的过程。第二，市场营销活动是有计划的、连续的，休闲企业或组织的每一次营销评估信息都会注入下一轮的市场营销活动中。第三，管理市场营销就是管理需求，休闲者需求是千差万别和富于变化的，休闲市场营销管理也要随之采取相应的策略。

（3）休闲市场营销范围较广。一方面体现在休闲市场营销的主体广泛（包括所有类型的休闲经济个体）；另一方面体现在休闲市场营销的客体也多（不仅包括对有形实物和无形劳务的营销，还包括由休闲经济个体所发生的一系列经济行为）。

---

**相关链接** 🔍搜索

### 市场营销与休闲市场营销的关系

市场营销与休闲市场营销体现整体与局部的关系。从营销主体上分析，市场营销组织中从事休闲产品和服务经营的称为休闲市场营销组织，如旅游公司、电影放映公司、特色吧等。在营销对象方面，市场营销中的"消费者"并不都是休闲市场营销对象。休闲消费属于较高层次的需求，根据需要层次理论，高层次需要是在低层次需要满足的基础上产生的，休闲市场营销的对象是追求享受资料和发展资料的消费者。休闲市场营销与市场营销最明显的区别在于市场"提供物"指向，休闲市场营销"提供物"指在消费者的闲暇时间里，满足其休闲活动的产品和服务。由此可见市场营销与休闲市场营销从主体到营销对象、"提供物"体现整体与局部的关系，休闲市场营销是市场营销学的一个分支。

——资料来源：搜搜百科．

## 二、休闲市场营销的特征

休闲市场营销作为休闲企业在市场中生存发展的有效途径，对企业的影响是巨大的。总体而言，休闲市场营销具有如下特征：

（1）顾客导向。休闲企业的一切经营活动都必须以休闲者需求作为出发点和归宿。休闲产业由于其服务对象和途径都是人，因而如何针对不同人群的不同需求来设计和开发休闲产品，就成为休闲企业生存和发展的根本。休闲企业以休闲消费者为核心，通过满足顾客的需求而获取利润，使其有别于生产导向和推销导向，这种顾客导向正是20世纪50年代后兴起的具有革命性意义的全新经营观念。

（2）管理导向。休闲企业市场营销环境由人口、政治、文化、经济、社会基础、上层建筑等诸多因素构成，这些因素随着时空的变换而不断变化。所以，休闲市场营销归根结底是对动态环境的一种创造性适应过程，即凭借一切可利用的资源，通过产品、渠道、价格和促销等实现对环境的适应。由此，对休闲市场营销适应过程的综合管理正日益受到休闲企业的重视。

（3）信息导向。休闲市场营销活动是围绕休闲者需求而展开的，这就必须借助信息的传导。现代休闲消费特征越来越个性化，因而在营销活动之前须对复杂多样的顾客需求做深入细致的调查，以求及时洞悉休闲消费者群体最新的需求偏好信息。同时，"知己知彼，百战不殆"。在休闲企业竞争日益激烈的今天，谁掌握了竞争对手更多、更新、更全面的产品及服务信息，谁就能在市场竞争中立于不败之地。

（4）战略导向。在企业经营领域，战略是指有关企业全局性或决定性的谋划，是企业为生存和发展而制定的企业目标与达成此目标所采取的各项政策的有机综合体。休闲市场营销是休闲企业在当今激烈竞争环境中持续发展的保障，而营销的成功则依赖正确有力的战略指挥。现实中许多具有战略眼光的休闲企业纷纷推出"绿色休闲""生态休闲""健康休闲"产品，正是休闲市场营销战略导向的结果。

## 三、休闲市场营销的主要内容

休闲市场营销的主要内容包括休闲市场营销环境分析、休闲市场调查与预测、休闲市场细分与目标市场选择、休闲市场营销战略制定、休闲市场营销管理等。

（1）休闲市场营销环境分析。休闲企业的营销环境是决定休闲市场营销能否成功的关键性因素之一，同时它也是动态变化的。各种变化既有可能给休闲企业提供有利的市场机会，也有可能给休闲企业带来不利的无形威胁。因此，分析市场营销环境可以帮助企业了解市场营销的机会和风险，进而适应市场环境，发掘市场机会，开拓新的市场。在休闲企业营销战略及营销计划的制订中，营销环境分析是必不可少的一步。

（2）休闲市场调查与预测。休闲市场的存在和发展是众多休闲经济活动顺利进行的基本前提，是决定休闲业发展速度和规模的主要因素；休闲市场信息则是休闲企业执行营销决策的基础，实施和控制营销活动的依据。面对日益激烈的市场竞争，凭借各种先进的调查、预测方法和信息处理技术，及时、准确地掌握休闲消费动向、竞争市场反馈等休闲市场信息及其发展变化趋势，成为塑造休闲企业核心竞争力的重要保证。

（3）休闲市场细分与目标市场选择。在现代休闲市场上，竞争的深度和广度不断延展，竞争的内容涉及方方面面，任何一个休闲企业均不可能以自身有限的资源和力量，设计各种不同的休闲产品及其营销组合来全面满足各类休闲者的所有休闲需求。因此，越来越多的休闲企业都力图在整体性的休闲市场上，找准能够充分发挥自身优势的某一或某些客源市场，以提供适应这部分市场需求特征的休闲产品及其营销组合。所以，休闲市场细分与目标市场选择也是休闲市场营销的主要内容之一。

（4）休闲市场营销战略制定。在瞬息万变的市场环境中，为了给营销活动提供协调、有序的基础，休闲企业都必须对其营销目标和方针做一个全局性、长期性的规划，这便是休闲企业的营销战略。营销战略是企业战略规划的重要内容，决定着最符合企业长远目标的产品——市场的未来组合以及企业希望在潜在顾客及社会公众心目中所处的位置。因此，休闲企业必须依据自身的资源条件和市场环境制定出具有前瞻性和指导性的营销战略再予以实施。

（5）休闲市场营销管理。休闲企业要做好市场营销工作，就要有赖于良好的管理方针。休闲市场营销管理的实质就是员工和休闲者的需求管理和顾客关系管理，其内容包括对营销活动的计划、组织、执行、评价，设置高效的营销组织机构以及对营销人员的培训和管理等。

# 第二节　休闲市场营销战略

## 一、休闲市场营销战略概述

在企业经营领域，战略指企业为生存和发展而制定的企业目标与达到此目标所采取的各项政策的有机结合体。其中，营销战略是一个重要组成部分，它主要立足于现状分析、预测和 SWOT 分析，为企业编制短期营销计划提供了坚实的信息基础和明确的战略方向。

由于休闲产品和休闲需求的特殊性，休闲市场营销战略并非企业营销战略分析在休闲行业的简单应用，而具有更丰富的内涵。从微观角度上看，休闲市场营销战略即休闲企业依据外部营销环境和内部优劣势的变化情况，对未来较长时期内整个营销活动的预定目标及行动方案的总体构想。从这一定义中可知，休闲市场营销战略具有以下三层含义：

（1）营销战略是休闲企业其他战略规划的基础，是休闲市场营销管理过程中最重要的环节之一。它从休闲企业所处的整体市场环境出发，指明了企业开展营销活动的持续努力方向，具有明显的全局性和长期性。

（2）营销战略目标，通常说明休闲企业期望在未来市场中占据什么样的位置，并从多个层面来进行描述，从而为较短时期内的具体营销活动确定框架。因此，营销战略目标并不一定要量化。

（3）营销战略虽然具有前瞻性和指导性，但最终还是要归结到具体的营销计划上来，因为休闲市场营销管理的主要内容就是分析企业市场机会、制订和实施营销计划以及评估营销效果，而且战略目标要通过持续的营销活动来逐步实现。

休闲企业制定营销战略的目的是不断适应市场环境的变化，并充分利用每次市场机会，以保证营销活动的有效性。从不同的角度来分析，休闲企业可以选择的营销战略模式有很多。

## 二、竞争优势战略

竞争优势是所有营销战略的核心，因为任何一个企业的实力都是有限的，它不可能占领全部市场。事实上，从某种意义上来说，休闲市场营销活动就是休闲企业充分利用一切资源，发挥竞争优势，实现营销目标的过程。营销战略的选择应建立在对休闲企业竞争地位判断的基础上。无论采用哪种营销战略，都是为了突出自身的竞争优势。一般来说，休闲企业可以采取以下三种营销战略。

### （一）差异化战略

所谓差异化，即休闲企业向消费者提供与众不同的产品或服务，且这种"不同"被顾客认为是有价值的，他们愿意以相同或更高的价格去获得差异化产品的超值。创造差异化优势的因素可以是休闲产品的功能或其他特性，也可以是该产品营销体系中的某个环节，如支付方式、促销方式等。其基本前提是这种差异化要得到顾客的认同。

成功实施差异化战略的关键是，对购买者来说，企业的产品或服务在某些方面是唯一的、有超价值的，即使价格比同类产品高些，他们也愿意为这些特征付款。为此，休闲企业采取两种方法来获取差异化优势：第一种方法是从产品、形象、促销等功能领域去寻求差异化优势。第二种方法是根据顾客超价值理论，将超价值公式中的某一指标加以强化，以形成差异化产品或服务。超价值公式如下：

顾客超价值＝（产品价值＋服务价值＋品牌价值＋个人价值）－（货币成本＋精力成本＋时间成本＋心理成本）

## （二）总成本领先战略

总成本领先战略的竞争优势十分明显，在产品或服务质量得到顾客认可的前提下，若休闲企业以低价进入市场，必将获得较高的市场占有率；若以同质等价的产品与竞争对手抗衡，企业将获取更大的边际利润。休闲企业实施总成本领先战略有一个前提，即所提供的产品或服务受到消费者认同，因为低价且优质的产品或服务才具有持久的市场生命力。总成本领先的含义有三点：一是在一定的成本水平之下，企业的产品或服务能为社会公众和目标顾客所接受；二是企业的成本属于独家领先；三是企业要维持长时间的低成本地位。为此，休闲企业需做好以下三方面的工作：

（1）实现规模经济效应。规模经济能够为休闲企业带来客观的经济效益，其中一个很重要的原因是它能够有效降低经营成本。一方面，企业的广告宣传费用、销售人员费用、管理费用等固定成本可以分摊到更多数量的产品上去；另一方面，大规模的休闲企业有实力开展小规模企业无力承受的活动，如开展专题市场调研、举办大型宣传活动等，从而为本企业营造更加有利的经营环境。实现规模经济效应的关键是确定企业的最佳规模或某项产品的最佳销售量。

（2）实现成本控制效应。成本控制是休闲企业日常经营管理的重要内容，因为它与企业的经济效益直接相关。成本控制是一种全员行为，也是一种全过程行为，它应主要围绕休闲产品的开发及销售过程来进行，即从市场调研开始，一直到休闲产品销售及员工管理都要尽量减少费用、节约开支。休闲企业应把握一条成本控制的原则，即在提高产品质量、塑造企业形象、促进产品销售的过程中不无谓支出一分钱。

（3）实现经验曲线效应。对休闲企业而言，经验曲线效应是指随着某项产品累计销售的增加，其单位成本会逐渐降低，并且成本降低的幅度是可以预计的。这种效应使得率先进入市场并且市场占有率较高的休闲企业将享有持续性的成本优势。除了主要受企业经营规模影响外，经验曲线效应还可以通过下列途径来实现：积累管理经验；技术创新；更新设备；改进产品；增强员工节约意识；降低附加费用等。

## （三）集中化战略

集中化战略指休闲企业集中人力、财力、物力，重点销售一种或几种产品，或对某种细分市场展开营销活动，以达到在局部市场竞争中处于主动地位的目的。集中化战略成败的关键在于休闲企业能否找到一个与其他市场有明显差异的细分市场，只有这样的细分市场存在，并且企业能够凭借独特的营销组合比竞争对手更有效地满足其需求，集中化战略才能形成竞争优势。集中化战略能使企业凭借有限的资源参与竞争，并使营销活动更具针对性。因此，在中小休闲企业进入市场或一般企业销售处于成熟期的休闲产品时大都采用这种战略。

集中化战略分为低成本集中和差异化集中两类。对休闲企业而言，低成本集中指针对共同的细分市场，企业能以低于竞争对手的成本满足目标顾客的需求，一般通过减小产品生产成本或降低管理成本等途径来实现；差异化集中则指企业能以相同的成本水平及价格档次，比竞争对手更有效地满足特定细分市场的需求，从而获得高于行业平均利润的回报。总的来说，前者强调从特定细分市场取得由成本差异换来的更大经济回报，后者立足于有效地满足特定细分市场的顾客利益。

集中化战略的实质是集中企业力量，形成局部优势，其切入点主要有四个方面，即集中于产品体系中的一部分，集中于一个或几个小细分市场，集中于一个小区域市场，集中于竞争对手大目标市场中的一小块。在实施集中化营销战略时，要避免以下几种情况：一是集中于销售利润低或无商业价值的细分市场；二是过分依赖某个单一的小市场或品牌；三是忽略主导市场的稳定与开拓；四是集中于没有市场潜力的产品线；五是所集中的产品正进入生命周期的晚期阶段。

## 三、市场营销组合战略

市场营销组合是企业为达到在目标市场上的销售水平而对可控性营销变量进行优化组合和综合运用的管理活动。正是随着营销组合理论的产生，市场营销活动才富有浓厚的"管理"色彩。通过设计合理的营销组合，休闲企业可以充分利用一切资源，发挥整体优势，增强企业的市场竞争力。

"营销组合"这一概念是由1964年美国哈佛大学教授波顿最先提出来的，同年，麦克塞对波顿的营销组合要素予以简化，提出了具有高度概括性的4Ps理论，即产品（Product）、价格（Price）、渠道（Place）和促销（Promotion）。4Ps理论在服务业中得到了广泛的应用，且营销组合的层面和范围不断扩大。1981年，布姆斯和比纳特又对既有的营销组合理论进行修正，提出了服务营销组合，在4Ps理论基础上增加了人员（People）、有形展示（Physical Evidence）和过程（Process），简称7Ps理论。人员、有形展示和过程这三种要素同样是构成休闲产品的必要因素，将这些因素单独提出是为了强调它们的特殊性和重要性。与物质商品一样，休闲产品营销管理决策的核心也是4P，因此，休闲市场营销组合同样还是应围绕4P来展开。

## （一）产品

产品是一种满足需求的提供物，是目标消费者需求得以满足的手段、途径和方式。对于广大营销者来说，开发目标公众需求的产品，是营销工作的基础和开端。

休闲供给针对人们非生存资料满足，是人们在闲暇时间进行的消费，是对发展资料和享受资料的消费。休闲有形产品包括书、唱片、VCD、工艺品、休闲服装、食品等。无形产品有旅游参观、健身、美容、艺术欣赏、咨询服务等。在多数情况下，休闲供给物是休闲产品与服务的综合体，高档产品离不开优质服务。完整的休闲产品概念可以从三个层次分析：第一，核心层，即顾客得到的基本利益。旅游消费中，顾客得到的首先是"到此一游"的体验。第二，形式层，即提供物的表现形式，包括提供物品质、特色、品牌、形状等。以旅游为例，旅游活动主题、旅游工具、线路、旅游用品品牌等都是顾客所关心的内容。第三，延伸层，即顾客服务，包括旅行社信誉、旅游地环境，服务质量、付款方式等。

休闲提供物组合是指休闲产品与休闲服务的完美结合。市场调查显示，46%的被调查者希望旅游服务观光、休闲、游园、娱乐、文体、会展、美食、购物融为一体，单纯意义的游山玩水旅游产品会越来越没有市场。可见，休闲企业产品的广度、长度、深度和关联性组合更为重要。以旅游业为例，其产品广度即产品线有旅游服务、文体娱乐、美食品尝、科技文化会展等。产品长度和深度主要是产品项目多少问题，如旅行社有几条旅游线路，文体娱乐项目有哪些，美食风味、科技文化方向，以及各种活动包含哪些项目，活动之间的关联性强弱。根据目标顾客的需求、市场状况，结合企业实力科学分析策划，进行产品的最优组合。

现代营销提倡互动式营销。让客户或消费者参与营销过程，积极参与新产品开发，既可听取他们的改进意见，产生互动效应；又可借此机会密切同消费者的关系，取得免费的广告效应；更多地体现人文关怀的色彩，而少一些赤裸裸的金钱交易关系；拉近企业与消费者的距离，增进品牌与顾客之间的亲近感，同时减少新产品的开发风险。休闲给予人们充分自主的权利，休闲消费当然要凸显求新求异的欲望。

现代营销理论的发展进一步提高了对顾客的重视，加强了对顾客心理的研究，体现到新产品开发方面，则是更加接近消费者，采取措施吸引顾客进入新产品创意和评估过程。在开发休闲产品的过程中，提高目标顾客的参与程度，可以丰富产品创意的途径和内容，更重要的是提高顾客对新产品的认知程度和接受程度，从而使新产品能更好地适应市场需求的变化，更有效地满足顾客需求。

相关链接 🔍搜索

### 希尔顿酒店：铺上网络的迎宾毯

一位商人将前往芝加哥出差。他登录希尔顿酒店（Hilton Hotel）的网站，决定入住该酒店旗下9个连锁店之一的家森套房酒店（Homewood Suites）。接下来，他浏览该酒店的数字化楼层平面图，看看有哪些空房。他选了一间位于顶层的房间，远离泳池但靠近电梯。拿定主意后，他直接在网上办理了入住登记手续。第二天，当他抵达酒店时，酒店前台已经备好了房间钥匙静候他的到来。前台接待员欢迎他的光临。他走进客房后，发现酒店已经把他喜欢的鹅毛枕以及当地的报纸放在床上了。

——资料来源：蔡晶．希尔顿酒店：铺上网络的迎宾毯［J］．连锁特许，2009（11）．

## （二）价格

现代营销把价格称为"成本"，即顾客满足其需求所愿意付出的"成本"。价格作为市场供求力量相互作用的结果，对于双方的利益分配具有重要影响。休闲需求指向人的精神满足，每个人对同一产品价值理解不同，同一产品价格对不同消费者满足程度也不同。休闲产品定价，首先要分析目标顾客需求心理，然后进行产品价格定位。在众多定价策略中，以需求为导向的定价策略是最常用的。需求导向定价是以消费者的需求强度及对价格的承受能力作为定价的依据。

### 1. 理解价值定价法

理解价值，即顾客"成本"，是以消费者对商品价值的感受及理解程度作为定价的基本依据。营销学家普遍认为，把买方的价值判断与卖方的成本费用相比较，定价时更应侧重考虑前者。因为消费者在购买商品时总会在同类商品之间进行比较，选购那些既能满足其消费需求，又符合其支付标准的商品。消费者对商品价值的理解不同，会形成不同的价格限度。这个限度是消费者宁愿付出货款而不愿意失去消费机会的价格。如果休闲产品价格正好定在这一限度内，消费者会顺利消费。

如何加深消费者对商品价值的理解程度，从而提高其愿意支付的价格限度呢？企业首先搞好市场定位，突出产品和服务的特色，走名牌经营之路，使消费者从消费中获得更多的附加价值，培育忠诚顾客群。国际品牌"宝姿"的一套女装价格在2000元左右，而且很少进行打折处理活动，其顾客视服装为自己的身价，显示高贵的身份，正因为其品质、价格与目标顾客相融，才拥有一批忠实顾客。这里要介绍一个重要概念，"顾客的让渡价值"是整体顾客价值与整体顾客成本之间的差额部分，而整体顾客价值是指顾客从给定产品和服务中所期望得到的所有利益。

### 2. 需求差异定价法

这种定价方法以不同时间、地点、产品及不同消费者的消费需求强度差异为定价的基本依据，针对每种差异决定在基础价格上是加价还是减价。由于休闲产品指向的满足具有很强的差异性，从而替代性较差。因此，在不形成进入障碍的范围内，休闲产品价格有很强的灵活性，顾客之间的价格弹性差异也较大，这有利于营销者根据目标顾客的需求特征采取不同的价格策略。例如，在时间方面，主要表现为在需求旺季、高峰期适当提高休闲产品的价格；在淡季降低其价格，以刺激淡季需求。在地点方面，不同的供给地点往往造成不同的供给效果，因此有必要采取地域差价的，同样的休闲用品在超市与娱乐场所的价格不同是正常的。

## （三）渠道

产品由生产者向使用者转移所经历的路线和过程，构成分销渠道。设计、建立和有效管理分销渠道，对于提高营销绩效是不可或缺的。分销决策，主要包括渠道类型决策和渠道管理决策两方面内容，其核心是对营销中间机构的选择、管理和评价，从而保证流通过程的顺畅。

### 1. 直接渠道和服务体验

直接渠道能够提供一些特别的好处：可以较好地控制产品供应的数量、质量，可以在与顾客接触时直接反馈关于目前需求、需求变化、对市场上相关产品的评价等有用信息，也便于提供个性化服务等。休闲服务的供给一般采用直接渠道。

休闲服务指向人们心理需求，是一种特殊的体验。服务体验发生于服务组织与顾客互动之时，尤其是在服务质量的提供和评价方面，可能导致不同的顾客体验。利用直接渠道的休闲组织，要提高服务质量，必须树立顾客导向的营销观念，加强对员工综合素质的培训，完善服务设施，增加服务过程的标准化，促成成功的服务体验，保证服务组织对顾客需求的满足。

### 2. 间接渠道

目前休闲营销中，最引人注目的两种间接形式是代理制和连锁经营。代理制，尽管产销分离使得独立的营销中介早已产生，但真正的现代代理制运作才刚刚开始。代理制能够有效地结合休闲供给组织在产品开发上的专业优势和各市场中介在产品推广方面的经验，因此具有广阔的发展前景。目前其主要任务是规范行为，加强管理。在连锁经营方面，近年来出现了高潮，具体到休闲供应上，连锁经营具有很多优势，主要表现在可以产生休闲供给的标准化作业和质量管理。国际上大型旅馆、酒店的连锁经营已经取得很大发展。我国管理体制方面存在的地区分割阻碍了全国性连锁组织的发展。休闲组织应引进连锁经营机制，加强内部管理，规范经营行为，合理规划促销工作，发挥规模效应。随着我国商业经营机制改革的深化，连锁经营在休闲营销中将取得进一步的发展。

## （四）促销

休闲供给的目的是满足人们的精神需求，在休闲产品从提供者到消费者的转移过程中，由于生产与消费的分离，不可避免地存在认知、信息方面的差异和障碍，因此开展促销活动是提高休闲供给均衡的重要途径。促销是休闲产品流通机制的润滑剂。

促销（Promotion）是指企业通过人员推销或非人员推销的方式，向目标顾客传递商品或劳务信息，帮助消费者熟悉商品或劳务，从而引起消费者的兴趣，激发消费者的购买欲望及购买行为的活动。休闲产品促销发挥着四种基本功能：信息传递、劝说顾客、提醒顾客和提升产品的价值。促销的主要方式包括人员促销、广告促销、公共关系和营业推广。

### 1. 人员促销

人员促销是一种最古老的推销形式。和其他促销形式相比，人员促销是一种互动沟通方式，因此具有针对性强、成功率高、信息反馈快等优点，有利于促成购买者偏好、信任和行动；但是人员促销费用较高，受人为因素影响较大，从而使其适用性受到一定限制。在休闲营销中，人员促销具有重要位置，特别是休闲服务营销对于销售人员的专业技术水准提出更高的要求。

### 2. 广告促销

广告是一种高度公开的信息沟通方式，在信息传递速度和到达范围两方面具有独特优势，也有助于建立一个品牌的长期形象。广告在社会生活中的影响越来越大，人们犹如生活在广告的海洋中。在市场经济条件下，几乎找不到不利用广告促销的知名企业了，开展广告促销是现代营销工作的重要内容。

在通过广告传递有关休闲用品、设施和服务的信息时，确定一个独特生动的广告主题是非常重要的。休闲产品与人们的各种精神文化追求相关，因此从价值认同的角度来进行诉求，把产品与一定的生活观念和生活方式联系起来，对于促销是十分有利的。此外，发掘、唤醒消费者未得到满足的需要与欲望，通过广告信息向消费者进行对某种休闲产品的提示，也是休闲营销的重要任务。外来信息造成的心理压力能够形成亟待满足的需求，在具有流行、时尚特征的休闲产品营销中经常出现这种情况，而这种外来信息与广告不无关系。大的休闲组织常常利用广告传播休闲消费的观念，制造流行时尚，营造一个良好的休闲营销环境。为克服无形性和高感知风险，休闲服务需要提供一些有形线索，例如，在广告中使用代言人，展示服务设施等手法提升服务的感知质量。在广告表现中对可能的事情做出承诺，会很有吸引力，之后兑现承诺，就可以大大提升顾客的满意度，俗话说"顾客的满意是最好的广告"。

相关链接 | 搜索

### 洲际酒店集团：强化品牌运营管理

在品牌营业推广方面，洲际饭店集团重视丰富多彩的营业推广活动对提升饭店品牌知名度的重要作用。例如，从2005年9月开始，洲际饭店集团开始了新一轮的全球品牌推广活动，以"您是否在享受跨洲际生活"为宣传口号，向顾客展示洲际饭店为顾客带来难忘且独特的经历；开展了一系列的宣传推广活动，包括在悉尼拍摄Spirit挑战快艇（1992年澳大利亚参加美洲杯帆船赛的快艇）电视广告。同时，设计出版包括在印度尼西亚巴厘岛的海滩及当地市场所拍照片的印刷宣传品。电视广告在美国有线电视新闻网、国际新闻网络以及英国航空、美国联合航空、美利坚航空、阿联酋航空以及新加坡航空的航班节目中播出。平面媒体的广告刊登于《华尔街日报》《纽约时报》《新闻周刊》《时代》《福布斯》《金融时报》《经济学家》《泰晤士报》《商业周刊》以及各大航空出版物。这极大地扩大了洲际饭店集团的品牌知名度，取得了良好的市场效果。

——资料来源：搜狐旅游.

### 3. 公共关系

公共关系是组织的一项重要管理职能，也是一种重要的促销工具。公共关系在信息的可信度方面具有不可比拟的优势。公关促销的重点是形象促销，通过塑造、维持良好的组织形象，建立顾客的信任和偏爱，从而为组织发展提供更有利的条件。在信息时代，大规模广告的威力被削弱。公共关系不论是对新产品还是对老产品在形成知名度及品牌认知方面都特别有效。专家认为，公共关系宣传对消费者的影响约是广告的5倍。

休闲营销公共关系主要手段有：①出版物。旅游公司常用一些小册子介绍旅游景点、服务项目，编造一些景点的趣味故事来吸引顾客。②制造新闻。公关专家的一个重要职责是发现和创造有关公司、产品及人物的新闻。宾馆邀请名人下榻，以扩大其知名度。③传播事件。④公益活动。多以赞助方式进行，以提高组织的美誉度。例如，出版社通过赞助艺术创作、写作研究和表演艺术来推广阅读和写作习惯。⑤CI设计。企业形象识别，通过对公司名称、商标、代表色、理念口号等要素的设计，强化组织形象，突出产品和服务特色，吸引大众目光。

相关链接 搜索

## 海棠湾如何成新宠

2010年，在三亚拍摄的《非诚勿扰2》一度带火了亚龙湾热带天堂森林公园，使鸟巢度假村成为各地游客梦寐以求的旅游度假休闲胜地。随后，台湾明星徐熙媛的婚礼在三亚海棠湾康莱德酒店和希尔顿酒店前的沙滩上举行。海棠湾一时成为全国各地媒体的关注焦点，从而再次炒热海南旅游，而海棠湾俨然已成为三亚游新宠。

——资料来源：途牛旅游网.

### 4. 营业推广

广告提供了一个购买的理由，销售促进却提供了购买刺激。销售促进可以产生更强烈、更快速的反应，短期效果明显，但对建立长期的品牌偏好帮助不大。销售促进包括运用多种激励工具，这些工具多是短期的，设计出来用于刺激消费者或经销商对特定产品和服务的较快或较大的购买。在进行销售促进时，公司必须树立目标，选择工具，制订方案，预测计划，实施和控制方案，评价结果。

休闲业的营业推广方法主要包括：

（1）免费赠送。饭店赠送冷饮果盘，咖啡屋赠送精美的咖啡杯，以及买一赠一活动等。

（2）有奖销售。康师傅冰红茶开展"开瓶见喜"活动，消费者只要在瓶盖上见到"再来一瓶"的字样，就可以到指定兑换处免费兑换一瓶相同的饮料。

（3）安全保证。不论是旅游还是其他休闲服务，消费者最关心的是安全问题。企业可以有针对性地采取一些安全保障措施，使消费者放心。

（4）惠顾回报。消费者消费达到一定量，组织给予一定价值的回报。这一方法对培养顾客忠诚度很有效。

（5）有形化展示。休闲产品和服务对人的生理需求影响不大，满意与否在于顾客的体验感受，特别是休闲服务，利用组织形象、服务环境、价格等要素增加无形服务的可感知性。

## 四、品牌支撑战略

随着世界经济一体化进程的加快和信息技术的发展，同类休闲产品在质量、功能、价格等方面的差异越来越小，品牌作为一项无形资产成了休闲企业竞争力的一个重要砝码。品牌有助于休闲企业宣传自己的产品，树立市场形象，建立顾客忠诚，进行市场细分，从而形成独特的竞争优势。

## （一）休闲品牌的功能

有实力的品牌具有很高的价值，这种价值主要体现在五个方面，即便于消费者识别企业及其产品，有利于企业塑造自身形象，传达产品信息，激发消费者的购买欲望以及促成顾客的长期支持与购买。休闲品牌对休闲企业的持续发展至关重要，其功能主要体现在：

（1）突出休闲产品或服务的特色品牌的一项重要功能是创造实物差别，即让某个企业或某项产品与其他企业或产品区别开来，休闲品牌也是如此。休闲业的高回报率和低技术性使得提供同类产品的休闲企业大量出现，客观上需要有一种标记来表征同类产品之间的差别，这种标记就是休闲品牌。对于休闲企业而言，品牌是其产品质量的重要标志及产品特色的主要载体。顾客一看到这个品牌，就会联想到企业产品或服务的品质、价格甚至亲身消费后的感受。

（2）树立鲜明的休闲形象品牌，有利于休闲企业塑造鲜明的市场形象。主要表现在三个方面：其一，休闲品牌能突出休闲产品或服务的特色，从而在顾客心中形成独特的市场卖点；其二，品牌作为休闲企业的标志，便于休闲者识别和认同；其三，在某个特定时期内休闲经营主体总是以统一的标志、口号进行市场营销，这将增强营销活动的震撼力和影响力，有助于休闲企业树立良好的市场营销形象。

（3）提高休闲者的购买效率。一方面，休闲品牌标识大都由文字或图案构成，其特点是形象直观、易于识记，便于顾客识别休闲企业及其所提供的产品。另一方面，有经验的休闲者对市场上的一些休闲品牌已有所了解，当决定出游时，就会选择能满足自己需要的品牌。成功的休闲品牌策略不仅能为休闲者的购买行为创造便利的条件，而且可以达到这样的效果：对于某个特定的目标群体，只要他们外出休闲，就会选择本品牌的企业或产品。

（4）反映休闲企业的综合竞争力。首先，休闲品牌具有很强的市场渗透力，一旦一个品牌得到了休闲者的认可，除其主导产品外，同一品牌的系列产品或服务也将赢得他们的信赖。因而，拥有卓越品牌的休闲企业通常可以收到较高的市场回报。其次，品牌的树立和成长受产品质量、服务水平、技术创新、资本实力等诸多因素的影响，对于休闲企业而言，品牌是企业综合接待能力及经济规模的反映。最后，品牌的塑造与维护需要企业全体员工共同长期的努力，因此，良好的品牌形象也能体现休闲企业的内部凝聚力。

## （二）休闲品牌的塑造

对于现代休闲企业而言，品牌不再是简单的产品识别标志，它已成为企业营销战略管理的一项重要内容。休闲企业品牌是企业休闲产品或服务的质量、价值以及满足休闲者效用的可靠程度的综合体现。而且，在休闲行业中，企业品牌比产品品牌更为重要。休闲品牌属于服务品牌的范畴，其首要任务是通过强调与众不同的、对顾客具有特殊价值的服务，来确定休闲企业的市场优势。现代休闲企业竞争已经进入品牌竞争的高级阶段。品牌决定产品的竞争地位，品牌代表市场的发展方向，只有拥有优质品牌的大型休闲企业才能在激烈的市场竞争中获得生存和发展。休闲品牌塑造是一个系统工程，需要休闲企业的长期努力（这里指的是广义的品牌概念）。要树立鲜明的品牌形象，休闲企业应从以下四个方面入手：

（1）品牌决策。包括品牌化决策、品牌使用者决策、家族品牌决策、多品牌决策、品牌扩展决策和品牌再定位决策。它主要解决以下问题：是否给产品规定品牌名称？是采用本企业品牌，还是采用中间商品牌或两者兼有？各类产品分别使用不同的品牌，还是统一使用一个或几个品牌名称？如何利用品牌开展营销以及如何更新品牌？

（2）品牌设计。包括企业或产品名称、品牌标志和商标。高水平的品牌名称和标志设计能给消费者留下深刻的印象。在品牌设计环节，应积极导入形象识别战略，为休闲企业设计鲜明、简洁的标志和经营口号，并通过指导企业行动来体现休闲企业的经营理念和价值取向；同时，品牌构思要突出休闲产品或服务的个性，以形成独特的市场销售点，从而提高休闲者的满意程度。

（3）服务提升。良好的品牌形象需要休闲企业的高品质服务来支撑。因为一个强有力的品牌只能给有竞争力的产品或服务带来市场优势，却不能补偿任何劣质服务。企业形象甚至可能因为一次质量事故而毁于一旦。

（4）有形展示。有效的服务展示能突出休闲企业的产品特色，使服务有形化、具体化，从而让顾客在购买前就能感知产品或服务的特征以及消费后所获得的利益。休闲企业实施有形展示策略的途径主要有四种，即设计企业标志、规范服务行为、美化服务环境和开展促销活动。

## （三）休闲品牌营销战略管理

在选择品牌营销战略之前，休闲企业首先必须对企业或产品的品牌类型与品牌力进行科学的评价。休闲企业或休闲产品的品牌力主要由两个因素决定：一是品牌认知，即顾客对品牌知名度和美誉度的总体评价；二是品牌活力，指休闲企业或产品品牌的差异化特征与顾客的关联度。

根据自身品牌所处的市场地位，休闲企业可以制定出相应的品牌营销战略。对于新的主导产品，应采取品牌培育战略，凭借成功的品牌定位突出新品牌对消费者的独特利益点；当新品牌转变为发展品牌时，休闲品牌已具有一定活力，但认知度偏低，这时应通过广告、公关等手段提高品牌的知名度和美誉度，以吸引消费者购买；对于市场占有率和知名度都较高的强势品牌，休闲企业营销活动的中心任务是维护品牌地位，并通过新产品开发、产品改进等途径来挖掘品牌潜力；对于市场逐渐萎缩的品牌产品，应针对顾客需求变化来创造新的品牌特色，常用的两种方法是进行品牌重新定位或将品牌投入新的市场。

 复习与思考

## 一、 名词解释

市场营销    休闲市场营销    差异化战略    理解价值定价法

## 二、 简答题

1. 营销与推销的不同有哪些？

2. 休闲企业如何做到总成本领先？

3. 休闲企业应该如何塑造企业品牌？

## 三、 案例分析

### 巴黎迪士尼乐园的市场营销组合

巴黎迪士尼乐园在经历了艰难的创业初始期后，近年已统一定位为欧洲旅游目的地的景观一线品牌。这固然得益于迪士尼的全球化品牌效应，但也得益于巴黎迪士尼采取的娴熟的、营销活动。

### 一、产品

为了迎合不同目标市场的需求，巴黎迪士尼乐园的产品非常丰富。迪士尼乐园由传统迪士尼乐园核心景观以及基于经典迪士尼人物的景观组成。它由几个主题园区构成：美国小镇大街、幻想乐园、边界乐园、冒险世界以及探索世界。巴黎迪士尼乐园还有很多具有自身特色的吸引物。例如，沃尔特·迪士尼影视公司，这是一家以电影院、电视剧为题材的主题公园。包括四个园区：前摄影棚、动画场地、作品制作基地、后摄影棚。该公园充满了与游乐设施一样的特技效果。再如，7家迪士尼主题酒店。针对不同的目标市场，这些酒店的经营范围很广，既有只有一间小屋、伙食自理的大卫·克罗科特牧场，又有极尽奢华、提供全面服务的迪士尼大酒店。

除了建有具有自身特色的吸引物外，巴黎迪士尼乐园还与其他合作伙伴一起推介其他吸引物来帮助建立自己的形象。巴黎迪士尼乐园不仅致力于通过开发新的吸引物来增加首次游迪士尼的游客数量，而且努力吸引回头客再次来公园参观体验。比如，在2004年夏季宣传册的封面上刊登了公园将有新的狮子王表演。

## 二、定价

巴黎迪士尼乐园 2004 年夏季宣传册展示了领导层倾向于销售像门票那样带有附加值的包价旅游产品。2004 年夏季提供了以下包价产品：

● 饭店包价旅游。基于公园自有的食宿设施，提供包含早餐及两晚住宿的公园 3 日游，价格每人 108~698 英镑不等，价格高低主要取决于旅游人数多少和游览时间。

● 为期 3 天的包价旅游，只是不安排住在迪士尼酒店。价格 102~782 英镑不等。

● 包含交通费用的包价旅游。包括上述的公园入场门票和从英国出发的交通费用等。

迪士尼公园自有的酒店的价格变化如下：

● 若乘坐欧洲之星火车，价位在 243~1010 英镑。

● 若乘坐法国航空公司的航班，价位在 196~963 英镑。

● 若选择通过多芬·卡莱斯游轮公司进行自驾游，价位在 132~992 英镑。

此外，7 天之内作预订的所有客人都要支付 25 英镑的迟延预订费用。

巴黎迪士尼乐园还提供一些收费服务，比如：

● 与迪士尼卡通人物共进早餐，价位是成人每位 12~18 英镑，儿童每位 8~10 英镑。

● 提前预订选餐费，成人每位 14~19 英镑，儿童 7 英镑。

出于定价的考虑，迪士尼乐园对儿童的定义是"7~11 岁的小孩"。在饭店包价产品中，儿童不需支付房费，只需支付每位 57 英镑的标准价位；不考虑住宿，包括孩子在内的成人付款标准价位是 147 英镑。

## 三、分销

巴黎迪士尼乐园的产品分销渠道有很多，比如旅行社、旅游经营商和公园自己的网站。

迪士尼乐园的宣传册中还介绍了迪士尼公园如何与合作企业一起分销产品。这些合作企业包括：非迪士尼经营的本地其他酒店；专业的交通运输部门，如欧洲之星、法国航空公司等。

所有企业的宣传册都鼓励潜在消费者与各自的本地旅行社联系，还提供其网站的详细信息，以及每周工作 7 天的电话销售中心详细的联系方式。

## 四、促销

巴黎迪士尼乐园也运用了多种促销手段宣传自己的产品，比如新闻传媒、电视广告、公共关系，还向组织团队旅游的企业和旅行社直接销售产品。

在 2004 年的夏季官方度假宣传册中，巴黎迪士尼乐园花大手笔推荐了一些特价服务项目，这些项目的主要目的有以下几方面：鼓励人们尽可能更早地提前预订；鼓励游客消费；吸引淡季的商务旅游。

下面具体列举了部分服务措施：

● 巴黎迪士尼乐园的旺季一般出现在每年的 8 月，因此，迪士尼乐园在淡季的 4~7 月及 9 月的某几周推出了旅游优惠价，即只要住满 3 晚就可以免费多住一晚。

● 酒店也承诺截至 2004 年 4 月 1 日前预订 6 月、7 月的客房可享受客房升级服务。

● "布法罗·比尔"西部牛仔戏推出 8.5 折的优惠价，还免费提供一餐。

正如人们所料，每项优惠服务都带有一些不算太过分的限制条件。

此外，巴黎迪士尼乐园酒店也与其合作企业推出了一些特别的联合促销活动。比如，2004 年夏季官方宣传册中就介绍了一项与维萨信用卡用户联合推出的"维萨特权活动"。在这项活动中，只要顾客在迪士尼乐园酒店用维萨白金卡（可使用的最高级别）消费包价产品，就可以得到有一定折扣权限的优惠券。不过，这项服务只在高星级迪士尼乐园酒店推行。

同时，巴黎迪士尼乐园还与欧美的许多著名品牌建立了合作关系。例如，2004 年夏季官方宣传册中就介绍了其官方合作伙伴，其中包含可口可乐、埃索、法国电信、汉布罗、赫兹、家乐氏、柯达、麦当劳、雀巢、沃克斯豪尔和维萨等。

宣传册本身也制作得非常精美。册子里展示了许多家庭在迪士尼乐园欢乐游玩的合影，这在欧洲旅游宣传册里是不常见的。大部分家庭只有 1~2 个小孩，而且都是白人。宣传册对价格及使用条件也作了详细说明，并突出了其特别的服务。

——资料来源：［英］霍纳，［英］斯瓦布鲁克. 全球视角下的休闲市场营销 ［M］. 罗兹柏，等，译. 重庆：重庆大学出版社，2012.

根据以上案例，回答如下问题：

1. 对比巴黎迪士尼乐园和你周围主要旅游景点的营销策略，关注不同点。

2. 讨论巴黎迪士尼乐园的营销策略 4Ps（产品、定价、分销、促销）战略的相关重要性。

## 📖 推荐阅读

1. 钱旭潮，王龙，韩翔. 市场营销管理 ［M］. 北京：机械工业出版社，2013.

2. ［美］菲利普·科特勒，［美］凯文·莱恩·凯勒. 营销管理（第12版）［M］. 梅清豪，译. 上海：上海人民出版社，2006.

# 休闲组织

　　为了适应休闲业的迅速发展，保证休闲业与国民经济各部门的均衡协调，有必要加强休闲行业自身的规范管理、质量控制、规模经营和行业协作，使休闲业能够实现可持续发展。由此各级各类休闲组织应运而生。这些组织纵横联系广泛，其活动涉及面宽，在休闲业经营管理中的作用日渐突出。

　　本章主要阐述了休闲组织的分类、职能以及一般模式，较为系统地介绍了我国的休闲行政组织和全国性休闲行业组织，之后简要地介绍了若干具有代表性的国际性休闲组织。

## 学习目标 >>

### 知识目标

1. 了解重要的国际性休闲组织及其发展现状。
2. 了解我国休闲组织及其发展现状。

### 能力目标

1. 掌握休闲组织的分类。
2. 掌握休闲组织的重要职能。

案　例

## 2004 年中国休闲经济国际论坛

　　说到中国休闲经济的发展，很有必要提到 2004 年 11 月在中国杭州举办的休闲经济国际论坛，它对中国休闲经济发展意义重大。2004 年中国休闲经济国际论坛，由国家旅游局和杭州市人民政府联合主办，是中国旅游史上首次举办以"休闲"为主题的国际论坛，有来自世界旅游组织、世界休闲组织、亚太旅游协会的高级官员和 13 个国家、地区的 300 多位代表参加。世界休闲组织秘书长杰拉德·凯尼恩博士、世界旅游组织亚太部主任哈什·瓦玛博士、美国国家休闲经济研究院主席杰弗瑞·戈比教授、美国休闲教育和学者机构主席托马斯·古德尔教授、中国休闲经济研究创始人于光远先生、原中宣部部长朱厚泽先生等国内外休闲研究专家、学者作了精彩发言。这次论坛影响深远，被称为中国休闲经济发展的里程碑，大大促进了中国休闲经济的发展。继这次论坛成功举办之后，中国杭州又为世界休闲组织成功举办了 2006 年世界休闲博览会和世界休闲大会。

　　随着知识经济时代的来临，未来社会将以史无前例的速度发生变化，休闲将成为人类生活的重要组成部分。休闲、娱乐活动、旅游业将成为下一个经济大潮席卷世界。休闲经济在促进国民经济和人类社会发展中意义重大。

——资料来源：乐途旅游网．

 案 例 分 析

　　请查阅资料了解我国休闲产业的发展历程。

# 第一节　休闲组织概述

　　休闲组织是指为了加强对休闲业的引导和管理，适应休闲业的健康、稳定、迅速、持续发展而建立起来的具有行政管理职能或协调发展职能的专门机构。不同类型和不同层次的休闲组织在地方、国家乃至世界休闲业发展的进程中都起着不可忽视的推动作用。

## 一、休闲组织的分类

　　目前来说，世界范围内的休闲组织可谓种类繁多，其功能特点各不相同。其中，既有全球性休闲组织，又有区域性休闲组织；既有特定行业的休闲组织，又有针对休闲特

点建立起来的休闲组织：既有官方机构，又有许多民间组织。以不同的标准，可以对休闲组织做出多种不同的划分。

### （一）按休闲组织的层次划分

（1）国际性休闲组织。国际性休闲组织又分为狭义和广义两种。狭义的国际休闲组织是指成员来自多个国家并为多国利益工作和服务的全面性国际休闲组织。而广义的国际休闲组织除包括狭义国际休闲组织外，还包括那些工作范围中的一部分涉及国际休闲事务的国际组织，以及专门涉及休闲事务某些方面工作的专业性国际性休闲同业组织。

（2）国家级休闲组织。国家级休闲组织是一个国家中被国家政府所承认，负责管理全国休闲事务的组织。其设置形式有三种：第一种是由国家政府直接设置，作为国家政府的一个部门或机构；第二种是经国家政府承认，代表国家政府执行全国性休闲行政事务的半官方组织；第三种是经国家政府承认，代表国家政府行使休闲行政管理的民间组织。

（3）地方性休闲组织。地方性休闲组织是指代表地方政府对当地休闲产业进行管理的组织机构，或为服务于地方休闲产业的发展而专门成立的休闲组织。

### （二）按休闲组织的职能性质划分

（1）休闲行政组织。休闲行政组织属于官方组织，是指由国家专门设置负责管理休闲事务且具有行政效力的政府部门。它是代表国家政府或地方政府行使其对休闲发展干预职能的载体。政府公共部门在休闲政策的规划执行、休闲资源的提供、公共休闲设施的建设与推动、休闲的结构性阻碍的改善与克服方面承担着责任，同时是其必须发挥的社会职能。

（2）休闲行业组织。休闲行业组织是一种非官方组织，是指由有关企事业单位和社团组织在平等自愿的前提下组成的各种行业协会。就其组织性质而言，它们属于非营利性的社会组织，具有独立的社团法人资格。

### （三）按休闲组织的社会功能划分

（1）休闲服务公共部门。公共部门是指被国家授予公共权力，并以社会的公共利益为组织目标，管理各项社会公共事务，向全体社会成员提供法定服务的政府组织。政府是公共经济部门的最主要成员。

（2）非营利性休闲组织。非营利性组织的英文为 Non-Profit Organizations，缩写为 NPO，泛指为提供服务而并非以获利为目标的组织，具有服务社会大众的公益使命。非营利性组织是指介于政府和企业之间的那些社会组织，如民间组织、社会团体、慈善组织、独立部门、第三部门、市民组织、市民社会、志愿者组织、免税组织、非政府组织和草根组织等。从 20 世纪 80 年代开始，非营利性组织在世界范围内发展十分迅猛。非营利性休闲组织具有沃尔夫所归纳的一般非营利性组织的五项特征，包括：有服务大众的宗旨；不以营利为目的的组织结构；有一个不致令任何个人利己营私的管理制度；本身具有合法免税地位；具有可提供捐助人减（免）税的合法地位。

（3）营利性休闲组织。营利性组织包括所有以营利为目的的社会组织。主要是那些从事经营活动的工业企业、商业企业和其他以营利为目的的社会组织。营利性休闲组织通常是指商业休闲机构，如电影、电视和广播公司、度假村、俱乐部等。

相关链接 | 🔍搜索

### 政府在休闲服务中扮演的角色

在不同的国家，政府在提供休闲服务上扮演的角色是不同的。巴西在 1946 年发布了总统令，成立社会商业服务局（Social Service of Commerce），这个机构由商业部门出资、管理，旨在开发能够提高工人阶级福利的服务项目。这些项目包括医疗、营养、非正式教育、体育和文化活动。目前，它支持的休闲活动有培训班、研讨会、节日、展览、电影、古典和流行音乐会、旅游和体育。这个机构所管理的设施包括工人及其家属的"乡村俱乐部"、工艺品商店、剧院，以及休闲中心。

在许多国家，政府要求商业部门以某种方式负责其职员的休闲服务。在日本，劳务省在 1972 年颁布了一项法律，要求"雇主应尽量采取必要的措施为员工提供体育设施、娱乐和其他活动，以便于提高员工体质"。

在澳大利亚，体育在其国民的休闲生活中一直担负着重要角色，联邦体育、游憩和旅游部（Federal Ministry of Sport, Recreation and Tourism）通过各种各样的方式来推广体育和健身。其中一个办法是向一些全国性的单项体育组织，如游泳、网球和橄榄球等组织提供直接的财政援助。这些私人的非营利性体育组织担负着一系列体育任务，如比赛的推广、辅导、比赛规则的制定和杰出运动员的培养。澳大利亚在 1941 年颁布了全民健身法，力图通过政府的努力来提高人民的身体素质。该法律建立了州一级的委员会负责安排健身活动、组织儿童娱乐营、开发社区健身项目和成人健身营。还发起了一项名为"把握生命"（Life. Be In It）的运动。这项运动用漫画人物代表一个典型的澳大利亚家庭，鼓励人们关掉电视机到外面去锻炼身体。这一运动已由美国国家游憩和公园协会引入美国。

——资料来源：[美] 杰弗瑞·戈比. 你生命中的休闲 [M]. 康筝，译.

昆明：云南人民出版社，2000.

## 二、休闲组织的职能

在不同的国家，由于休闲业发展水平的差异，休闲行政组织和休闲行业组织在管理和协调休闲事务方面的地位和作用也有所差异。一般说来，处于休闲业发展起步阶段的初期，或休闲业发展水平较低的国家，作为政府部门存在的休闲行政组织对国家休闲事务的干预力度较大，对其休闲业的发展起着决定性作用；在休闲业比较发达、私人休闲企业非常活跃的国家和地区，具有独立法人地位的半自决权性质的休闲行业组织更适合于行使全国性休闲组织职能。

## （一）休闲行政组织的职能

休闲行政组织的主导职能是调控与管理，具体而言其基本职能主要包括以下 7 个方面：

（1）确定休闲业在国民经济发展中的地位，制定休闲发展的战略目标与规划，对休闲业进行综合平衡和宏观调控。

（2）拟定休闲业发展的方针政策、行政法规、制度规范和行业标准并组织实施，协调各休闲发展部门的利益和关系。

（3）运用行政职权，控制休闲业的发展规模与速度，保证休闲服务质量。

（4）负责国内休闲市场的宏观管理和国际休闲市场的宣传促销与推广拓展。

（5）对从事休闲业务的企事业单位实施行业管理，依法进行审批和监督检查。

（6）调查研究和统计分析休闲业的供需状况，帮助制定营销策略。

（7）管理与指导休闲教育培训与就业。

---

**案 例**

### 台湾青辅会采取措施提高青少年休闲生活品质

2004 年 11 月 25 日，台湾青辅会在其下成立青年旅游专案小组。这个小组主要负责制定和规划招徕各地青年赴台旅游的具体措施。

一、推动方针

（1）整合台湾以"高山岛屿、多元文化、热情好客、佳肴美食"为代表的优良人文自然旅游资源，创造旅游交流与学习的附加值，打造各地青年赴台旅游的独特吸引力，并树立观光新形象。

（2）优先提供政府可动员资源，结合青年活动效益优势、资讯科技，以及民间组织活力，建立休闲交流网络，营造便宜、便利、安全、永续的青年旅游友善环境。

（3）运用政府宣传以及整合性行销传播的力量，协助积极招徕青年学生来台旅游。

二、推动策略

（1）建立有利于青年旅游发展的政策与整体相关建设。

（2）营造青年旅游公共运输、住宿、服务的友善环境。

（3）整合青年 Easy-go 旅游系统及配套措施。

（4）积极开发多元主题，以吸引青年学生来台旅游。

（5）发展青年旅游为目标的观光宣传推广。

——资料来源：黄世明.休闲管理概论［M］.台北：五南图书出版公司，2007.

**案例分析**

休闲行政组织是如何履行其职能的？

## （二）休闲行业组织的职能

休闲行业组织的主导职能是服务与促进，这些职能主要有：

（1）就休闲发展战略及方针政策等向国家休闲主管部门提供建议和咨询。

（2）作为行业代表，与政府机构或其他行业组织协商洽谈有关事宜。

（3）联系各休闲企业，研究行业经营管理，查找发展中存在的问题并采取相应措施加以解决。

（4）建立行业信息交流中心，鼓励使用新知识、新技术，搞好行业内休闲开发和市场营销。

（5）提供行业间的技术指导，制定成员共同遵守的经营标准、行规会约，并据此进行仲裁与调解。

（6）就行业内的数据统计、预测、开发及其他问题开展研讨。

（7）组织并举办专业研讨会、培训班和专业咨询。

（8）广泛交流信息与经验，阻止行业内部的不合理竞争。

## 三、休闲组织的模式

（1）政府机构模式。这种模式包括单一职能模式和混合职能模式，前者是指将休闲主管部门设为某个职能部门的下辖机构，在行政上隶属部门主管；后者是指与其他部门合并为一个部门，休闲事务管理为其职能的一部分。

（2）政府机构中的非正式机构模式。在机构编制上不属于政府部门序列，而是挂靠在某一部门，却代表国家政府从事全国性休闲行政事务管理的半官方组织。这个组织的部分经费由国家政府拨款，主要负责人也由国家政府中分管休闲的部门任命，但其具有自己的法人地位，在行政和财政上是独立的。

（3）委员会模式。主要适应休闲业综合性的特点，对休闲业的发展起协调作用。因此，这种委员会在很多国家属于协调部门，而非权力机构。

（4）民间组织模式。该模式由民间自发组成的具有全国性影响力的休闲协会代表国家政府行使休闲行政管理职能。政府向其提供一定的财政拨款，但其领导成员并非由政府指定，而是由该组织的会员自己选举产生。

# 第二节　我国的休闲组织

在我国休闲产业的发展尚处于起步阶段，并且由于其涵盖的行业范围十分广泛，因此，目前我国尚未确定一个专门的部门来对休闲产业实行统一的管理，但部分休闲娱乐类行业主要是由旅游局系统来进行管理。虽然我国的休闲行政组织较少，但是行业组织却相对较多，尤其是以休闲研究为主要目的的组织和协会数量较多。在此，介绍其中几个较为著名的、影响力较大的行业组织。

## 一、中国休闲经济研究中心

中国休闲经济研究中心由中国人民大学于 2004 年 2 月创立。该中心每年举办一次休闲经济论坛。该中心设有旅游经济研究室、体育经济研究室、文化娱乐经济研究室、休闲教育经济研究室以及公益事业研究室等，涉足休闲经济的各个领域。例如，体育经济研究室关注 2008 年奥运会，研究"奥运经济"。该中心的主要研究方向是休闲产业的供给、休闲消费的需求、休闲经济发展趋势、休闲企业的管理等问题。

## 二、中国旅游协会休闲度假分会

中国旅游协会休闲度假分会是中国旅游协会的分支机构，主管单位为中华人民共和国文化和旅游部。它是由中华人民共和国境内从事和促进中国休闲度假产业发展的相关机构在平等自愿的基础上组建的行业性、非营利性社团组织。

中国旅游协会休闲度假分会的宗旨是：坚持中国特色与面向国际相结合，根据国家的宪法、法律、法规和有关政策，在平等互利、优势互补、资源共享、合作共赢的原则下，推广积极向上的休闲文化，树立健康休闲观念，提高大众休闲度假生活质量，促进业界沟通，推进休闲度假理论研究，制定和推广规范，提高休闲度假服务水平，拓展休闲度假消费领域，促进中国休闲度假业的可持续发展。

分会向相关政府部门反映会员的愿望和要求，开展休闲度假领域的调研和预测，组织开展休闲度假教育和培训，向相关管理部门提供咨询，制定和推广相关规范，向休闲度假相关企业提供咨询，组织休闲度假学术研究，开展国际国内休闲度假学界交流，举办休闲度假领域的相关交流和推广活动，并承办文化和旅游部、中国旅游协会委托的其他工作。

## 三、中国国际户外休闲产业联盟

中国国际户外休闲产业联盟（China International Outdoor and Leisure Industry Alliance，CIOLIA），是由致力于开发、生产、服务和推广户外休闲产业的生产企业及相关机构单位自愿结合组成的合作组织。在中国轻工工艺品进出口商会（简称轻工商会）领导下开展工作。联盟秘书处设在北京，秘书长由轻工商会推荐。

联盟的宗旨是促进建设完整的户外产业链和成熟健康的市场，维护产业和会员单位的合法权益。联盟发挥行业渠道优势，积极向政府反映户外休闲产业企业的意愿和要求，争取政府支持。联盟促进国际行业的信息交流、技术合作及贸易往来，业务范围主要包括：

（1）促进行业、国家或国际标准的制定，使其在本行业和其他相关行业中得到广泛的认可和推广。

（2）促进会员之间、本产业与其他产业之间的合作，协调会员企业之间的关系，以形成一个完整的产业链。

（3）针对产业内共同存在的问题，利用联盟的优势协商解决方案。

（4）反映会员的愿望和要求，提出产业发展的建议。

（5）与国际同行业及相关行业组织进行交流，促进合作。

（6）共同组团参加国际展览会。

## 四、浙江大学亚太休闲教育研究中心

浙江大学亚太休闲教育研究中心（Asia Pacific Center for the Study of Leisure，APCL）成立于2004年，由浙江大学与世界休闲组织、杭州市人民政府联合发起，既是世界休闲组织在亚太地区的学术代表机构，也是浙江大学与地方合作的战略平台之一。中心的宗旨是在遵守国家宪法、法律、法规和国家政策，遵守社会道德风尚的前提下，汇集各方资源，全面支持和推动国内外休闲事业的长远建设和发展。该中心的工作范围包括以下内容：

（1）人才培养。组织各种类型、不同层次的休闲业及相关人员的教育培训；接收外国留学生与访问学者。

（2）学术研究。开展休闲学基本理论、休闲文化、休闲产业、休闲管理等方面的学术研究。

（3）咨询服务。为各级政府部门、相关企事业单位制定与休闲领域相关的政策与发展规划提供决策咨询。

（4）项目规划。组织开展休闲产业及相关领域项目的规划与研发。

（5）活动组织。策划组织相关的会展、庆典等各类活动。

（6）文化推广。致力于提高民众的休闲认知水平，以及休闲文化的普及和推广等公益性活动。

（7）建立休闲研究资料信息库，开设中心网站，编辑出版休闲研究学术期刊。

（8）建立休闲业评估指标体系，开展休闲业及相关领域的评估与认证。

## 五、浙江省休闲学会

浙江省休闲学会是由浙江大学、杭州市世界休闲博览会组委会办公室、杭州师范大学联合发起创办。由从事休闲研究的学术机构、热心推动休闲发展的社会人士和社会团体共同发起的学术性、地方性的非营利性社会组织。旨在积极发挥中介职能，在政府、业界和民众之间架起交流学习和传递信息的桥梁，全面支持和推动浙江省休闲业的建设和发展。学会的主要业务包括：

（1）开展休闲学基本理论、休闲文化、休闲产业、休闲管理等方面的学术研究。

（2）举办各级各类休闲业及相关人员教育培训。

（3）为各级地方政府、相关企事业单位制定政策与发展规划提供决策咨询。

（4）策划并组织与休闲发展相关的活动，积极开展各类休闲学术合作及交流活动。

（5）致力于提高民众的休闲认知水平，普及和推广休闲文化。

## 六、运动休闲研究专业委员会

运动休闲研究专业委员会是由北京体育科学研究所、北京国民体质监测中心、北京市教委体育美育处、北京市职工体育运动技术学院等单位发起，经北京市民政局核准登记，隶属于"北京体育休闲产业协会"的二级非营利性社会团体。吸收各类体育、运动、休闲、娱乐、健康产业的经营单位、研究机构、教育培训机构及其他相关组织和个人参加。其服务功能主要包括：

（1）依照国家及北京市有关规定及行业标准，对本行业及会员企业单位进行调研、普及、开发提供服务，为政府制定相关决策政策法规提供依据。

（2）组织专家对新兴体育休闲项目进行点评、论证与推广。

（3）通过多种形式为企业与政府主管部门、与科研知识部门，以及相互之间搭建合作发展、宣传交流的共赢平台降低宣传成本，打造行业品牌。

（4）组织承办各种交流活动，积极推介国内外经营管理的先进理念，不断引进新项目，为企业的持续发展提供技术支持。

（5）建立专家资源库，利用专业优势开展行业培训，组织研究论证行业课题。

# 第三节　国际性休闲组织

20世纪以来，随着个人拥有的物质财富和自由时间的增多，人们弥补和发展精神生活方面的需求显得尤为迫切，特别是20世纪60~70年代，国际社会已步入一个具有新的休闲伦理观和娱乐道德观的大众休闲时代，人们通过休闲而不是工作来充分展示个性和自我价值。随着休闲产业的产生，各种类型的休闲组织也随之成立。为了加强世界各国休闲组织间的协作，最大限度地发挥休闲产业在促进国际交流、世界和平方面的积极作用，各种国际性休闲组织应运而生。

## 一、世界休闲组织

世界休闲组织（World Leisure Organization），又称世界休闲与游憩协会（World Leisure and Recreation Association），成立于1952年。它是一个具有联合国咨询地位的非官方机构，与联合国教科文组织和有关国家、地区的官方、非官方机构保持着良好的合作关系。

### （一）成立背景

为了发掘和创造各种有利条件，让休闲成为人类成长、发展与幸福的动力，1970年，世界休闲组织的前身国际娱乐协会通过了著名的《休闲宪章》。该宪章明文规定：休闲同健康、教育一样对人们生活至关重要；任何人都享有从事休闲活动的权利；各国政府必须承认和保护公民的这种权利。1979年，世界休闲组织对《休闲宪章》加以修改，并于2000年7月正式批准，作为机构活动的准则。世界休闲组织理事会是该组织的决策机构，每年召开一次会议。理事会由20名来自全球各地、不同行业的成员组成，下设执行理事会、财务理事会和发展理事会。世界休闲组织秘书处负责处理日常事务。

世界休闲组织中国分会 2008 年 4 月 6 日在北京成立，世界休闲组织中国分会设立学术委员会、休闲文化委员会、湿地休闲委员会和民俗休闲专业委员会等多个专业委员会，旨在推动中国休闲产业的发展。

## （二）活动形式

（1）举办世界休闲大会和休闲专业类的展览、贸易促进活动。

（2）组织论坛：从面对面的世界休闲大会、专题会议及工作场所，到各种印刷品及电子媒体，包括世界休闲报、时事通讯、专论和网站。

（3）提供教育、咨询、培训、研究、学生服务及讨论项目，包括研究及教学、研究生教育、专门委员会、留学生培养等。

（4）就某一课题、项目成立工作小组或委员会。

（5）与联合国和其他国际组织及有关国家、地区的官方、非官方机构、私人部门共同工作，以宪章、国际宣言、权威文件、观点报告及声明的形式，致力于各种内容广泛的研讨。

---

**相关链接**　🔍搜索

### 历届世界休闲大会的主题

1996 年第四届世界休闲大会的主题是 "21 世纪的闲暇时间和生活质量"。

2004 年第八届世界休闲大会的主题是 "休闲是必需的"。

2006 年第九届世界休闲大会的主题是 "休闲——改变生活"。

2012 年第十二届世界休闲大会的主题是 "休闲及转型"

2014 年第十三届世界休闲大会的主题是 "休闲：改善人类生存条件"。

2016 年第十四届世界休闲大会的主题 "挑战，选择及影响"。

2018 年第十五届世界休闲大会的主题是 "休闲：超越约束"。

受新冠肺炎全球疫情影响，原定于 2020 年 10 月举办的第十六届世界休闲大会，经报北京市政府和世界休闲组织批复同意，大会已确认推迟于 2021 年 4 月 15～21 日在北京市平谷区举办，届时正是桃花盛开的时节。延期后的大会名称仍保留 "2020 北京·平谷世界休闲大会"，主题为 "休闲提升生活品质"，大会会徽不变。

——资料来源：乐途旅游网.

---

## 二、亚太国际休闲文化中心

亚太国际休闲文化中心（Asia-Pacific International Leisure Culture Center，简称 APIL-CC），成立于 2007 年 5 月，是在中国北京正式注册登记的法人机构。该中心专业从事休闲文化及相关产业的国际交流与合作，是亚太乃至国际范围发展速度最快、市场潜力最大的休闲服务市场。

### （一）中心宗旨

（1）整合行业资源，构建全方位的互助合作关系网络，为会员之间的商务合作提供服务，为政府、企业及专家学者提供休闲文化及产业发展问题的对话平台。

（2）倡议传媒积极传播优秀休闲文化。

（3）立足 LOHAS（Life styles of Health and Sustainability，健康和可持续的生活方式）生活原则，倡导经济活动的人文关怀和审美境界，通过跨区域、跨行业的交流合作，推进生态经济建设。

### （二）中心业务范围

（1）出版《休闲经济》（*Leisure Economy*）杂志（会刊）。

（2）以专题策划为先导，深入挖掘个性案例，横向展示产业全景。

（3）促进休闲应用理论研究和交流。

（4）搜集和发布相关产业发展信息，突显商务合作机会。

（5）为会员开展国际形象传播及业务推广。

（6）提供国际或地区船业发展的宏观形势分析、年度报告等。

（7）组织亚太国际休闲文化论坛。

## 三、国际休闲产业协会

国际休闲产业协会（International Leisure Industry Association，ILIA）是由中国内地、中国香港、俄罗斯、马来西亚、新加坡、美国、加拿大、韩国、日本、澳大利亚等 10 多个国家和地区的休闲产业机构和精英人士在 2002 年共同发起的国际性休闲产业合作组织。

国际休闲产业协会以推动国际休闲产业的协调、合作与发展为己任，是相关成员关于休闲产业政策的智慧支持机构，在加拿大和中国香港注册，会址在加拿大温哥华，秘书处设在中国香港。该协会的活动形式主要有两种：①定期举办各种学术交流活动，包括国际休闲产业区域性峰会、中国休闲经济发展论坛。②国际休闲产业协会授权评选国际最佳休闲城市和国际休闲产业示范基地奖项。

## 四、旅游观光和休闲教育协会

旅游观光和休闲教育协会（Association for Tourism and Leisure Education，ATLAS）成立于1991年，其宗旨是发展跨国旅游和休闲教育措施。该协会提供了一个促进教育人员和学生之间交流跨国性研究以及促进学校课程和专业发展的平台。目前，旅游观光和休闲教育协会已经有来自75个国家的283个成员机构加入。该协会在欧洲、亚太地区、非洲及北美都设有分支机构。

协会的主要活动包括：①组织旅游和休闲教育的研讨会，在非洲和亚太地区组织区域性的会议。②信息服务和出版物，包括旅游观光和休闲教育协会网站，会员门户和年鉴《ATLAS 看法》（*ATLAS Reflection*）。③推动国际课程发展，如欧洲冬季大学课程及亚洲夏季课程。④组织和参与跨国研究项目，例如文化旅游与可持续旅游和旅游信息技术等项目。⑤出版研究报告。

## 五、国际主题休闲产业协会

国际主题休闲产业协会（International Theme Leisure Industry Association，ITLIA）在中国澳门特别行政区注册成立，为非营利性社团，会员定位为世界各地区主题休闲、主题小区、主题公园、主题酒店、主题餐厅的企业及个人。协会的宗旨：为弘扬世界各民族主题休闲文化，联合世界各地区一切具有鲜明经营特色和突出主题休闲的从事生产和提供文化服务经营性行业，把人类所创造的宝贵文化资源转化成为企业独特的经营卖点，创造更高的文化销售附加值，为世界各地区主题休闲企业提供研究、交流、培训和推广的平台。

其业务范围包括：①定期举办会员大会，并组织会员单位之间开展业务交流和各种形式的联谊活动。②编辑、出版专业刊物，建立网站，加大会员单位的宣传力度，提高该会和会员单位的国际知名度，为各会员单位的品牌扩展、提升提供有效服务。使该会成为主题休闲产业共同的营销平台和信息平台，为会员单位的业务拓展开辟出更加广阔的空间，推动国际主题休闲产业向品牌化、规模化发展。③举办训练课程，设立奖学金、奖品及其他奖励办法，以提高本行业管理水平。④维护各会员企业的知识产权、产品专利，保护会员企业的文化资源，并努力把会员企业的文化资源变为文化资本。⑤向会员单位提供全方位的主题休闲建设咨询指导。

## 六、世界休闲健康产业协会

世界休闲健康产业协会（World Leisure Health Industry Association，WHIA）在美国加利福尼亚州注册，洛杉矶市认证，是专门从事全球休闲业、医疗、科研和管理的国际组织。协会总部设在加利福尼亚州，在世界各国设立秘书处和分支机构。该协会有世界杰出健康专家委员会、知名企业委员会、经济发展委员会、投资银行内务委员会、市场委员会、教育培训委员会、媒体合作事宜委员会和有关的工业研究机构。

 复习与思考

1. 休闲组织的职能主要有哪些？
2. 营利性与非营利性休闲组织的经营管理哲学与目标有哪些区别？
3. 简述我国休闲行业组织目前的基本状况。
4. 简单介绍世界休闲组织。

 推荐阅读

1. 李仲广，卢昌崇. 基础休闲学［M］. 北京：社会科学文献出版社，2004.
2. 魏小安. 中国休闲经济［M］. 北京：社会科学文献出版社，2005.

# 参考文献

［1］［德］约瑟夫·皮柏．节庆、休闲与文化［M］．黄霍，译．北京：三联书店出版社，1991.

［2］［德］约瑟夫·皮珀．闲暇：文化的基础［M］．刘森尧，译．北京：新星出版社，2005.

［3］［法］罗歇·苏．休闲［M］．姜依群，译．北京：商务印书馆，1996.

［4］［韩］孙海植，等．休闲学［M］．朴松爱，李仲广，译．大连：东北财经大学出版社，2005.

［5］［加］埃德加·杰克逊．休闲与生活质量［M］．刘慧梅，等，译．杭州：浙江大学出版社，2009.

［6］［美］B.H. 施密特．体验营销［M］．周兆晴，译．南宁：广西民族出版社，2003.

［7］［美］凡勃伦．有闲阶级论［M］．蔡受百，译．北京：商务印书馆，2009.

［8］［美］杰弗瑞·戈比．你生命中的休闲［M］．康筝，田松，译．昆明：云南人民出版社，2000.

［9］［美］杰弗瑞·戈比.21 世纪的休闲与休闲服务［M］．张春波，等，译．昆明：云南人民出版社，2000.

［10］［美］乔治·H. 米德．心灵、自我与社会［M］．赵月瑟，译．上海：上海译文出版社，2005.

［11］［美］托马斯·古德儿，杰弗瑞·戈比．人类思想史中的休闲［M］．成素梅，等，译．昆明：云南人民出版社，2000.

［12］［美］约翰·凯利．走向自由——休闲社会学新论［M］．赵冉，译．昆明：云南人民出版社，2008.

［13］包庆德，叶立国．生态休闲与休闲经济［J］．自然辩证法研究，2003（9）.

［14］包庆德，张燕．生态旅游生态休闲意蕴之初步解读［J］．南京理工大学学报，2010（4）.

［15］包庆德．生态休闲：构建人类健康的精神家园——生态休闲方式与人的全面

发展［J］．内蒙古师范大学学报，2010（2）．

［16］保继刚，等．城市旅游［M］．天津：南开大学出版社，2005.

［17］陈雪钧．对我国都市休闲旅游深度开发的思考［J］．重庆交通大学学报，2007（10）．

［18］崔永和．走向后现代的环境伦理［M］．北京：人民出版社，2011.

［19］丰子义．发展的反思与探索——马克思社会发展理论的当代阐释［M］．北京：中国人民大学出版社，2006.

［20］付宝华．城市主题文化与世界名城崛起［M］．北京：中国经济出版社，2007.

［21］付宝华．城市主题文化与特色城市构建［M］．北京：中国经济出版社，2007.

［22］郭鲁芳．休闲经济学——休闲消费的经济分析［M］．杭州：浙江大学出版社，2005.

［23］郭鲁芳．休闲学［M］．北京：清华大学出版社，2011.

［24］郭琰．论都市旅游产品的开发［J］．中山大学学报，2007（4）．

［25］侯国林，黄震方．城市商业游憩区旅游开发的原则与产品体系［J］．城市问题，2001（1）．

［26］黄家美．城市游憩空间结构研究［D］．安徽师范大学，2005.

［27］黄巧灵．休闲改变中国：四天工作制营造和谐社会［M］．上海：上海人民出版社，2005.

［28］黄燕玲，黄震方．城市居民休闲度假旅游需求实证研究——以南京为例［J］．人文地理，2007（3）．

［29］纪菲菲．休闲与旅游的本质性比较［J］．韶关学院学报·社会科学，2010，31（8）．

［30］纪晓岚．论城市本质［M］．北京：中国社会科学出版社，2002.

［31］李春生．生态体验：从休闲到生态休闲［J］．自然辩证法研究，2006（10）．

［32］李娜．云南城市休闲产品开发研究［D］．云南大学，2012.

［33］李淑美．基于居民休闲需求的北京城市休闲功能研究［D］．北京第二外国语学院，2008.

［34］李仲广，卢昌崇．基础休闲学［M］．北京：社会科学文献出版社，2004.

［35］励永惠，苏少敏．休闲旅游基地［M］．北京：中国社会科学出版社，2012.

［36］刘德谦，高舜礼，宋瑞.2011年中国休闲发展报告［M］．北京：社会科学文

献出版社，2011.

［37］刘嘉龙，郑胜华．休闲概论［M］．天津：南开大学出版社，2008.

［38］刘松．休闲旅游的理论研究及实证分析［D］．沈阳师范大学，2008.

［39］刘颂．城市旅游可持续发展初探［J］．地域研究与开发，1999（4）.

［40］刘婷．民俗休闲文化论［M］．昆明：云南人民出版社，2008.

［41］龙凌．旅游与休闲［M］．北京：中国电力出版社．2010.

［42］楼嘉军．休闲初探［J］．桂林旅游高等专科学校校报，2000（2）.

［43］吕宁．基于城市休闲指数的中国休闲城市发展研究［D］．中央民族大学．2009

［44］吕宁．中国城市休闲和休闲城市发展研究［M］．北京：旅游教育出版社，2010.

［45］马惠娣，张景安．中国公众休闲情况调查［M］．北京：中国经济出版社，2004.

［46］马惠娣.21世纪与休闲经济、休闲产业、休闲文化［J］．自然辩证法研究，2001（1）.

［47］马惠娣．休闲：人类美丽的精神家园［M］．北京：中国经济出版社，2004.

［48］马惠娣．中国学术界首次聚焦休闲理论问题研究［J］．自然辩证法研究，2003（2）.

［49］马慧娣．走向人文关怀的休闲经济［M］．北京：中国经济出版社，2004.

［50］马勇，等．休闲学概论［M］．重庆：重庆大学出版社，2008.

［51］梅良勇，李源．城市本质视野中的休闲理念［J］．自然辩证法研究，2006（2）.

［52］彭华，钟韵．关于旅游开发与城市建设一体化初探［J］．经济地理，1999（1）.

［53］施惟达．态与势：云南文化产业研究［M］．昆明：云南大学出版社，2007.

［54］宋萌荣．人的全面发展：理论分析与现实趋势［M］．北京：中国社会科学出版社，2006.

［55］孙金华，张国富．休闲与社会发展［J］．自然辩证法研究，2001（12）.

［56］孙志刚．城市功能论［M］．北京：经济管理出版社，1998.

［57］田松青．休闲经济［M］．北京：新华出版社，2005.

［58］田文富．环境伦理与和谐生态［M］．郑州：郑州大学出版社，2010.

［59］王红宝，张启，苗泽华．城市休闲旅游产品深度开发研究［J］．改革与战略，2010（12）.

［60］王惠．休闲与旅游关系的探讨［J］．经济研究导刊，2009（10）．

［61］王琳，杜小平．论城市休闲旅游的理论要素及运行机制［J］．天津行政学院学报，2007（3）．

［62］王雅林．城市休闲［M］．北京：社会科学文献出版社，2003．

［63］魏小安．中国休闲经济［M］．北京：社会科学文献出版社，2006．

［64］吴文新，张雅静，等．休闲学导论［M］．北京：北京大学出版社，2013．

［65］谢彦君．旅游体验研究［M］．天津：南开大学出版社，2006．

［66］徐明宏．休闲城市［M］．南京：东南大学出版社，2004．

［67］杨德森，赵旭东，肖水源．心理和谐与和谐社会［M］．上海：同济大学出版社，2009．

［68］杨晓坚，赵建军，赵玉洁，李刚．云南中小城市庭院休闲产品开发研究［J］．云南电大学报，2009（4）．

［69］叶平．环境哲学与伦理［M］．北京：中国社会科学出版社，2006．

［70］叶文，等．城市休闲旅游理论·案例［M］．天津：南开大学出版社，2006．

［71］叶艳君．闲暇时间的异化和异化的扬弃［D］．华东师范大学，2012．

［72］用宪臣．生态休闲：人与自然和谐之道［J］．湖北社会科学，2010（2）．

［73］于光远，马惠娣．于光远马惠娣十年对话［M］．重庆：重庆大学出版社，2008．

［74］于光远．论普遍有闲的社会［M］．北京：中国经济出版社，2005．

［75］张广瑞，宋瑞．关于休闲的研究［J］．社会科学家，2001（5）．

［76］张鸿雁．城市空间人际——中外城市社会发展比较研究［M］．南京：东南大学出版社，2003．

［77］张奎志．体验批评：理论与实践［M］．北京：人民出版社，2001．

［78］张雅静．发展休闲与社会主义和谐社会的构建［J］．宁波大学学报（人文科学版），2007（1）．

［79］赵鹏，宁泽群，石美玉，李享．北京国内休闲旅游高端市场发展现状及发展对策［J］．旅游学刊，2005（1）．

［80］郑胜华，刘嘉龙．城市休闲发展评估指标体系研究［J］．自然辩证法研究，2006（3）．

［81］周国文．自然权与人权的融合［M］．北京：中央编译出版社，2011．

［82］朱建军，吴建平．生态环境心理研究［M］．北京：中央编译出版社，2009．

［83］诸山．生态学视域下的城市文化［M］．南昌：江西人民出版社，2010．

［84］庄志民．旅游经济文化研究［M］．上海：立信会计出版社，2005．

项目策划：段向民
责任编辑：张芸艳
责任印制：孙颖慧
封面设计：武爱听

---

图书在版编目（CIP）数据

休闲学概论／李晓东主编. -- 2版. -- 北京：中
国旅游出版社，2021. 4
中国旅游院校五星联盟教材编写出版项目　中国骨干
旅游高职院校教材编写出版项目
ISBN 978-7-5032-6698-0

Ⅰ. ①休…　Ⅱ. ①李…　Ⅲ. ①闲暇社会学—高等职业
教育—教材　Ⅳ. ①C913. 3

中国版本图书馆 CIP 数据核字（2021）第 062182 号

---

书　　名：休闲学概论（第二版）

主　　编：李晓东
副 主 编：陈春阳
出版发行：中国旅游出版社
　　　　　（北京静安东里6号　邮编：100028）
　　　　　http://www.cttp.net.cn　E-mail：cttp@mct.gov.cn
　　　　　营销中心电话：010-57377108，010-57377109
　　　　　读者服务部电话：010-57377151
排　　版：北京旅教文化传播有限公司
经　　销：全国各地新华书店
印　　刷：三河市灵山芝兰印刷有限公司
版　　次：2021 年 4 月第 2 版　2021 年 4 月第 1 次印刷
开　　本：787 毫米×1092 毫米　1/16
印　　张：11. 75
字　　数：232 千
定　　价：36. 80 元
I S B N　978-7-5032-6698-0